MARIA NEUBERGER-SCHMIDT

Mitarbeit: Petra Kunze

# Kindern *liebevoll* Grenzen setzen

# Der Elterntest

Seite 7

# Von der Beziehung zur Erziehung

Seite 17

TEST

GRUNDLAGEN

PRAXIS

VERTIEFUNG

# Geben Sie Ihrem Kind Freiheit und Halt

Oft werden Begriffe wie Grenzen und Disziplin mit Unfreiheit, Unterdrückung und Einschränkungen assoziiert. Doch tatsächlich helfen **Regeln, Grenzen und Konsequenzen** Ihrem Kind, nach und nach seine Bedürfnisse in den Griff zu bekommen, Frustrationen auszuhalten, soziale Kompetenzen und Zielstrebigkeit zu entwickeln.

Regel- und Grenzenlosigkeit dagegen verhindern, was die allermeisten Eltern sich für ihre Kinder so sehr wünschen: dass aus diesen selbstbewusste, eigenständige, verantwortungsvolle, starke, **erfolgreiche und freie Persönlichkeiten** werden.

Der kindliche Wille, der sich schon bald zu regen beginnt, ist zunächst allein vom Prinzip der Lust und dem Vermeiden von Unlust bestimmt. Damit die Persönlichkeit Ihres Kindes sich ausgewogen entwickeln kann, braucht es jedoch nicht nur Liebe und Fürsorge, sondern auch die Lenkung durch Ihre natürliche Autorität und Führungskompetenz. Erziehung ist ein Loslösungsprozess **von der Symbiose zur Selbstständigkeit,** bei dem Kinder unsere Begleitung, Ermutigung und Führung brauchen. Für Kinder bis zum dritten Lebensjahr besteht das Fundament in der sicheren Bindung zu Mutter und Vater beziehungsweise zu einigen wenigen, verlässlichen Bezugspersonen. Das zarte Pflänzchen des noch unmündigen kindlichen Willens kann nur dadurch stark werden, dass es sich der elterlichen Führung anvertrauen kann.

Dabei geht es keineswegs um Unterdrückung, sondern um den Halt, den Ihr Kind benötigt, um sein Kindsein frei und unbekümmert ausleben zu können. Im verständnisvollen und schützenden Rahmen, den Sie als Eltern ihm vorgeben, lernt Ihr Kind schrittweise, seine Fähigkeiten zu entfalten, seine Wünsche zu artikulieren und durchzusetzen, aber auch ein Nein zu akzeptieren und sich in den Familienverband einzugliedern. Der kleine Elterntest zu Beginn soll Ihnen dabei helfen, zunächst Ihren individuellen Erziehungsstil zu erkunden. Anschließend geht es darum, was alles zu einer erfolgreichen Erziehung gehört und wie Sie beim Grenzensetzen die Balance finden. Dabei hilft Ihnen das zentrale Element des Buches: das Ampelprinzip. Es steht für die elterliche Kunst, Freiheit, Mitsprache und Autorität in ein angemessenes Verhältnis zu bringen. Viele Tipps, Übungen und Fallbeispiele mitten aus dem Familienleben mit Kleinkind, Schulkind und Jugendlichem zeigen anschließend, wie das Ampelprinzip den Alltag mit Kindern einfacher – und schöner – macht. Erziehen heißt vor allem auch, an sich selbst zu arbeiten. Darum ist Elternsein ein Lernprozess, bei dem wir Eltern auch Fehler machen und zugeben dürfen. Die Liebe zu unseren Kindern schenkt uns die Kraft, uns dieser täglichen Herausforderung zu stellen, an ihr zu wachsen und zu erleben, wie viel Freude das Leben mit Kindern für uns bereithält.

Ihre *Maria Neuberger-Schmidt*

# Der Elterntest

Welcher Elterntyp sind Sie? Ihre persönlichen **Stärken, Wertvorstellungen und Erfahrungen** prägen Ihren Erziehungsstil. Der folgende Selbsttest hilft Ihnen dabei, einmal innezuhalten und sich in Ihrer Rolle als Mutter oder Vater zu beobachten. Anhand von Beispielen aus dem Familienalltag können Sie in Ruhe **Ihr individuelles Handeln** reflektieren: in verschiedenen Situationen mit Ihrem Kind oder mit Ihren Kindern. Dies kann auch ein guter Anlass sein, um sich als Elternpaar über das Handeln im Alltag auszutauschen. Auf dem Test aufbauend bekommen Sie in diesem Buch viele Impulse für eine **Erziehung, die Ihr Kind stärkt** und ihm Halt gibt. Blättern Sie deshalb ruhig immer mal hierher zurück.

## Test: Welcher Erziehungstyp sind Sie?

Wählen Sie aus den vier möglichen Reaktionen – a, b, c, d – jeweils die aus, die am ehesten Ihrem Verhalten entspricht und zu Ihnen passt. Zum Schluss zählen Sie zusammen, welchen Buchstaben Sie wie oft gewählt haben. Die Auswertung finden Sie ab Seite 13.

**(1)** Ihr vierjähriges Kind reißt sich im Park von Ihrer Hand los und läuft allein auf die Hundezone zu, in der mehrere Hunde frei herumlaufen. Wie reagieren Sie?

**d** Sie laufen hinterher, stoppen Ihr Kind und erklären ihm auf Augenhöhe, warum Sie dieses Verhalten nicht in Ordnung finden.

**b** Sie spazieren gemütlich in die gleiche Richtung und warten ab, bis Ihr Kind wieder zurückkommt.

**a** Sie schnappen sich Ihr Kind und erteilen ihm sogleich eine kleine Strafe, damit es sich beim nächsten Mal anders verhält.

**c** Sie erschrecken sehr und rufen zunächst den Hundebesitzern zu, dass sie bloß ihre Hunde im Zaum halten sollen.

**(2)** Ihr siebenjähriger Sohn geht mit seinen Kumpels von der Schule nach Hause, ausgemacht war aber, dass er mit seiner zehnjährigen Schwester zusammen geht. Diese sucht ihn nach Schulschluss zunächst verzweifelt im ganzen Schulgebäude und trifft einige Zeit später ohne ihn zu Hause ein. Wie reagieren Sie, wenn Ihr Sohn schließlich heimkommt?

**d** Sie umarmen Ihren Sohn und sagen ihm, dass Sie sich Sorgen gemacht haben. Dann fragen Sie nach seinen Beweggründen und besprechen mit ihm, welche Konsequenzen er für sein Verhalten angebracht findet, außerdem, wie die Sache mit dem Nachhauseweg in Zukunft geregelt werden soll.

**a** Sie schicken ihn gleich nach seinem Eintreffen in sein Zimmer, mit der Vorgabe, dort »bis auf Widerruf« zu bleiben.

**b** Sie loben Ihren Sohn vor allem dafür, wie selbstständig er schon ist und dass er den Schulweg ganz allein bewältigt hat.

**c** Sie zeigen Ihrem Sohn, dass Sie sich große Sorgen gemacht haben, und beschließen, ihn in den nächsten Tagen selbst mit dem Auto von der Schule abzuholen.

**(3)** Ihre zweijährige Tochter reagiert auf ein »Nein« von Ihnen mit einem heftigen Tränenausbruch und wirft sich strampelnd auf den Boden. Was tun Sie?

**b** Sie nehmen das übertriebene Verhalten Ihres kleinen Wutbürgers mit einem Lachen hin.

**d** Sie hocken sich neben Ihr Kind auf den Boden, spiegeln ihm ohne Wertung in Ihren Worten wider, wie es sich aus Ihrer Sicht gerade verhält, und bleiben bei ihm, bis es sich schließlich beruhigt hat.

**c** Sie erklären Ihrer Tochter ausführlich, warum Sie »Nein« gesagt haben, und machen ihr verlockende Angebote, damit sie sich beruhigt.

**a** Sie sagen Ihrem Kind, dass es sich nicht so aufführen soll, und lassen es allein am Boden liegen, bis es wieder Vernunft annimmt.

**(4)** Ihr fünfzehnjähriger Sohn kommt abends eine Stunde nach der vereinbarten Zeit nach Hause. Wie reagieren Sie darauf?

**c** Sie geben nicht nach, bis Sie wissen, wo Ihr Sohn gewesen ist. Außerdem geben Sie ihm klar zu verstehen, dass Sie sehr enttäuscht von ihm sind.

**a** Sie zeigen Ihrem Sohn, wie wütend Sie sind, und verbieten ihm, auf die nächste geplante Party seiner Freunde zu gehen.

## Test

**d** Sie erinnern Ihren Sohn daran, welche Zeit vereinbart war, und fordern ein klärendes Gespräch am nächsten Tag.

**b** Sie finden das Ganze nicht so schlimm, da Sie sich noch gut an Ihre eigenen Verspätungen in der Jugend erinnern können.

**(5)** Ihre zehnjährige Tochter behauptet beim Schlafengehen, sie habe bereits ihre Zähne geputzt. Doch die Zahnbürste ist noch trocken. Was unternehmen Sie?

**d** Sie fragen sie, wieso denn die Bürste noch trocken sei, wenn sie die Zähne doch schon geputzt hat?

**a** Sie sagen ihr, dass Sie Lügen absolut nicht dulden, und schicken sie ohne die übliche Gutenachtgeschichte ins Bett.

**b** Sie schmunzeln und denken sich: »Morgen ist auch noch ein Tag.«

**c** Sie pochen auf die Wichtigkeit des regelmäßigen Zähneputzens und bleiben so lange neben Ihrer Tochter stehen, bis ihre Zähne gründlich geputzt sind.

**(6)** Ihr Kind gesteht Ihnen betroffen, dass es ein »Ungenügend« in der Mathematik-Schularbeit geschrieben hat. Wie reagieren Sie?

**b** Sie erklären ihm, dass es sich nichts daraus machen soll, da doch jeder hin und wieder mal eine schlechte Note schreibt.

**c** Sie wollen unbedingt eine schlechte Zeugnisnote verhindern und stellen für Ihr Kind einen genauen Lernplan auf.

**a** Sie zeigen Ihrem Kind, wie enttäuscht und wütend Sie deswegen sind, und verhängen bis zur nächsten Schularbeit ein Fernsehverbot.

**d** Sie trösten Ihr Kind und überlegen anschließend mit ihm gemeinsam, was bei der Schularbeit schiefgegangen ist und wie es die nächste besser meistern kann.

**(7)** Ihre dreijährige Tochter nimmt ihrem jüngeren Bruder jedes Spielzeug weg, mit dem er sich gerade beschäftigt. Was tun Sie?

**b** Sie greifen nicht ein, weil Ihre Kinder lernen sollen, sich selbst zu behaupten.

**a** Sie schimpfen mit Ihrer Tochter und sagen ihr, wie unfair und egoistisch sie sich in Ihren Augen benimmt. Das Spielzeug nehmen Sie ihr weg.

**d** Sie erklären Ihrer Tochter, wie ihr Bruder sich dabei fühlt, wenn sie ihm als Ältere das Spielzeug wegnimmt. Dann unterstützen Sie sie dabei, nach einer anderen Beschäftigung zu suchen.

**c** Sie unterbinden den Streit rasch, indem Sie den Kindern zur Ablenkung andere Spielsachen anbieten.

**(8)** Ihr Erstklässler will bei den ersten Frühlingssonnenstrahlen unbedingt seine kurze Hose zur Schule anziehen, obwohl es draußen noch ziemlich kühl ist. Was machen Sie?

**d** Sie erklären Ihrem Sohn, dass er frieren wird und sich erkälten kann, obwohl die Sonne scheint. Sie unterstützen ihn dabei, es sich noch mal zu überlegen, und schauen gemeinsam, welche lange Hose zu seinem Pulli passt.

**a** Sie bringen ihn dazu, sich eine wärmere Hose anzuziehen, indem Sie drohen, den Zirkusbesuch am Wochenende zu streichen.

**c** Sie lassen ihm seinen Willen und fahren ihn mit dem Auto zur Schule, damit er sich nicht erkältet.

**b** Sie geben Ihrem Sohn den Freiraum, seine eigenen Entscheidungen zu treffen, und freuen sich, dass er so durchsetzungsfähig ist.

**(9)** Auf dem Spielplatz gerät Ihre fünfjährige Tochter in einen lauten Streit mit einem älteren Kind. Sie

## Test

haben nicht verfolgt, wie der Streit zustande gekommen ist. Wie handeln Sie in der Situation?

**b** Sie sehen sich die Mimik und Gestik der beiden Streithähne an und beobachten, wie sich Ihre Tochter verhält. Sie vertrauen darauf, dass sie sich selbst gut verteidigen kann.

**a** Sofort fordern Sie die beiden Kinder lautstark auf, mit dem Streiten aufzuhören, da Sie sonst den Spielplatzbesuch Ihrer Tochter augenblicklich beenden.

**d** Sie gehen zu den Kindern hin, fassen in Worte, dass die beiden sehr wütend zu sein scheinen, und trennen die Kinder, damit sie sich erst einmal jedes für sich beruhigen können. Anschließend bitten Sie beide zum klärenden Gespräch.

**c** Sie eilen Ihrer Tochter zu Hilfe und schimpfen das andere Kind für sein rücksichtsloses Verhalten.

**(10)** Ihr dreizehnjähriger Sohn riecht nach Zigarettenrauch, als er von einem Besuch bei seinem Klassenkameraden nach Hause kommt. Wie reagieren Sie?

**d** Sie sprechen Ihre Beobachtung an. Bei passender Gelegenheit führen Sie mit Ihrem Sohn ein sachliches Vier-Augen-Gespräch über die Folgen des Rauchens und zeigen ihm klar Ihren Standpunkt auf.

**b** Sie sagen dazu nichts, immerhin probiert so gut wie jeder Jugendliche einmal Zigaretten aus. Das gehört einfach dazu.

**c** Sie reagieren entsetzt und schildern Ihrem Sohn die möglichen Krankheiten, die sein Rauchen verursachen wird.

**a** Sie durchsuchen den Rucksack Ihres Sohnes, verbieten ihm das Rauchen und kündigen ihm an, dass sein Fehlverhalten eine saftige Strafe nach sich ziehen wird.

# Die Auswertung

Zählen Sie nun zusammen, wie oft Sie jeden Buchstaben gewählt haben. Lesen Sie sich zuerst den Text zu dem am besten passenden Erziehungstyp durch. Die einzelnen Typen sind hier bewusst etwas überzeichnet – kaum jemand kann sich nur einer Kategorie zuordnen. Auch die anderen Typen können deshalb interessant für Sie sein und wertvolle Anregungen geben.

## Erziehungstyp A: der Strenge

Sie haben sehr genaue Vorstellungen davon, wie Ihr Kind sich verhalten soll und welches Verhalten unpassend ist. So hat für Sie einen hohen Stellenwert, dass sich Ihr Kind gemäß den von Ihnen vorgegebenen Regeln verhält. Benimmt es sich aus Ihrer Sicht daneben, lassen Sie oft Strenge und auch Strafen walten. Sie denken, dass Sie Ihr Kind mit frühzeitig gesetzten Grenzen am besten auf ein eigenständiges Leben vorbereiten.

Neben der guten Absicht, die hinter Ihrem Erziehungshandeln steckt, birgt dieses auch die Gefahr, dass sich Ihr Kind nicht verstanden fühlt und resigniert oder dass es Sie aus Protest mit zunehmenden Machtkämpfen konfrontiert. Fühlt sich Ihr Kind in seinen Bedürfnissen wahrgenommen? Wichtig ist, auch Einwände anzuhören und Entwicklungsbedürfnisse ernstzunehmen. Kinder sollen Kinder sein dürfen, und zum Kindsein gehören auch ein bisschen Chaos und eine Portion Unberechenbarkeit und Verträumtheit. Respekt und Wertschätzung für die Bedürfnisse des anderen sollten immer in beide Richtungen fließen.

## Erziehungstyp B: der Begleiter

Sie sehen sich vorwiegend als Begleiter auf dem Entwicklungsweg Ihres Kindes. An oberster Stelle steht in Ihrem erzieherischen Tun, dass Sie Ihrem Kind Freiheit zugestehen, damit es seine individuellen Anlagen voll entwickeln kann – möglichst ohne Ihr Eingreifen und ohne zu viele »starre« Regeln.

In all dem Freiraum, den Ihr Kind erhält, ist es schwer, an eine Grenze zu stoßen. Deshalb lotet es möglicherweise immer weiter aus, wann es angemessene Grenzen zu spüren bekommt. Denn solche Grenzen zu erfahren vermittelt einem Kind Sicherheit, Halt und Orientierung. Zu viele Entscheidungsmöglichkeiten dagegen überfordern Ihr Kind und machen es ihm schwer, in eine Gesellschaft hineinzuwachsen, in der es sich an allgemein gültige Normen zu halten hat.

Natürlich darf Ihr Kind sein Können erforschen und altersgemäß seine eigenen Entscheidungen treffen! Dafür sollten Sie ihm jedoch einen sicheren Rahmen schaffen. Denn Entwicklungsfreiraum entsteht innerhalb von klaren, Halt gebenden Grenzen.

## Erziehungstyp C: der Beschützer

Ihr Kind ist der Mittelpunkt Ihres Lebens. Sein Schutz und seine gute Entwicklung stehen für Sie an erster Stelle, und Sie würden dafür sozusagen alles tun. Möglicherweise fällt es Ihnen schwer, Ihrem Kind die eine oder andere Entscheidung selbst zu überlassen: Sie wissen ja am besten, was gut für es ist. Deshalb möchten Sie ihm die bestmögliche Förderung zukommen lassen und jegliche Hindernisse aus seinem Weg räumen. Feste Regeln spielen für Sie weniger eine Rolle, da Sie ja die meisten Entscheidungen für Ihr Kind treffen.

Ihr guter Wille hat eine Kehrseite: Ihr Kind hat kaum Gelegenheit, Grenzen wahrzunehmen, Herausforderungen aus eigener Kraft zu bewältigen und daran zu wachsen. Erhält es den Eindruck, dass immer andere am besten wissen, was gut für es ist, lernt es nicht, auf eigene Bedürfnisse und Gefühle zu achten. Für ein solides Selbstvertrauen ist

> *Es ist nicht genug, zu wissen: man muss es auch anwenden. Es ist nicht genug, zu wollen, man muss es auch tun.*
>
> Johann Wolfgang von Goethe (1749–1832), dt. Dichter

es sehr wichtig, altersgemäß Verantwortung für sich und das eigene Handeln übernehmen und Konsequenzen tragen zu dürfen.

## Erziehungstyp D: der partnerschaftliche Leiter

Erziehen ist für Sie mehr als bloßes Begleiten. Sie sind sich Ihrer Verantwortung für das Wohl und die Entwicklung Ihres Kindes bewusst und stellen ihm einen sicheren Rahmen mit altersgemäßen Regeln zur Verfügung, in dem es wachsen und sich entwickeln kann. In diesem Rahmen gewähren Sie Ihrem Kind bei passenden Gelegenheiten auch Freiräume und Mitsprache.

Sie unterstützen es beim Lösen von Problemen oder beim Treffen von Entscheidungen, ohne ihm gleich eine fertige Lösung überzustülpen. Nur wenn es wirklich nötig ist, zeigen Sie ihm eine Grenze auf. Die wichtigste Erziehungsgrundlage ist für Sie, dass Eltern und Kinder aufeinander hören und einander ernstnehmen. Sie wissen, dass Erziehung Einfühlungsvermögen sowie Führungskompetenz braucht – und Kenntnisse darüber, welche Entwicklungsbedürfnisse Ihr Kind hat. Es gelingt Ihnen daher, so manche alltägliche Herausforderung im Familienleben auch als Chance und Antrieb für Ihre eigene Weiterentwicklung zu sehen.

# Von der Beziehung zur Erziehung

Das Zusammenleben mit Kindern ist eine enorme Bereicherung – und zugleich eine große Herausforderung mit vielen, teils widersprüchlichen Gefühlen. **Elternsein steckt voller Überraschungen,** voller Glück und Sorgen, Freude und Ärger. Die Aufgaben, vor denen Sie stehen, verändern sich, je älter Ihr Kind wird: Geht es bei Ihrem Baby vor allem um Ihre **liebevolle Fürsorge** für das völlig abhängige kleine Wesen, so ist mit zunehmendem Alter **immer mehr Erziehung** gefragt. Ihr Kind ist beim Großwerden auf Ihre Hilfe angewiesen, um in der noch fremden Welt zurechtzukommen.

In einer Umgebung, die von **Liebe, Geborgenheit, Vertrauen und gegenseitigem Respekt** geprägt ist, lernt Ihr Kind, mit sich und anderen gut klarzukommen. Es erfährt, wie wichtig die Regeln fürs Zusammenleben sind und warum Grenzen sowohl für die eigene Sicherheit als auch für den Respekt vor dem anderen unverzichtbar sind.

> *Kindererziehung ist ein Beruf, wo man verstehen muss, Zeit zu verlieren, um Zeit zu gewinnen.*
>
> Jean-Jacques Rousseau (1712–1778), frz.-schwz. Philosoph

## Eine liebevolle Beziehung aufbauen

Die wichtigste Voraussetzung, damit Erziehung gelingt, ist die gute, ausgewogene Qualität der Eltern-Kind-Beziehung. Diese familiäre Bindung soll sich vor allem durch die beständige Liebe und Fürsorge auszeichnen, die Sie Ihrem Kind entgegenbringen. Erlebt ein Kind seine Eltern als zugewandt und berechenbar, vermitteln sie ihm Sicherheit und Verlässlichkeit, so legen sie **ein wichtiges Fundament, auf dem sich das Kind seelisch-geistig gesund entwickeln kann.**

Was so selbstverständlich klingt, ist es allerdings nicht immer. Zwar ist es leicht, sich vom **Lachen und der Lebendigkeit** eines Kindes verzaubern zu lassen oder sich über eine gute Note des Schulkindes zu freuen. Doch es gibt Momente im Familienleben, in denen es schwerfällt, ein Kind »trotzdem« zu lieben und zugewandt zu bleiben: Das stundenlange nächtliche Schreien des Babys, der Trotzanfall des Zweijährigen, das störrische Verweigern des Schulkindes oder das provokant-aggressive Verhalten des Pubertierenden können die elterliche Liebe, wenigstens für kurze Zeit, auf eine harte Probe stellen.

## Tipp: Die sichere Bindung

Bindung ist die wichtigste emotionale Grundlage für jeden Menschen. Für ein Baby ist die Bindung zu seinen Eltern beziehungsweise engen Bezugspersonen lebensnotwendig. Kinder, die in einer sicheren Bindung aufwachsen, entwickeln sich prächtig und versprühen pure Lebensfreude.

Meilensteine und Stolpersteine in ihrer Entwicklung können sie mit der Hilfe ihrer Eltern und anderer Bezugspersonen erheblich leichter und schneller meistern. Eine solche Halt gebende Bindung erlebt Ihr Kind, wenn es sich von Anfang an bei Ihnen sicher und geborgen fühlt – und wenn es Ihre Freude darüber spürt, dass es auf der Welt ist. Sichere Bindung und Urvertrauen vermitteln Sie Ihrem Baby, wenn Sie ihm Folgendes geben:

* Viel Körperkontakt und Kuscheln – einem Baby kann man nicht zu viel Liebe geben!
* Stillen in den ersten Monaten (nach Möglichkeit).
* Ein promptes, angemessenes, einfühlsames Reagieren auf seine Gefühle und Bedürfnisse.
* Sicherheit, Feingefühl und eine respektvolle Haltung bei der Babypflege, etwa beim Hochheben, Baden und Wickeln.
* Eine viel Geborgenheit schenkende und sanft anregende Umgebung – nicht zu viele und nicht zu wenige Reize.
* Einen babygerechten Rhythmus von Aktivität und Ruhe.
* Ihre wohlwollende Stimme beim Singen und Plaudern, Ihr aufmerksames Zuhören bei ersten kleinen »Gesprächen«.
* Vertraute Handlungsabläufe und Alltagsrituale.

## Zugewandt und authentisch sein

Auch wenn es im Alltag immer wieder mal hoch hergeht: Versuchen Sie zu jeder Zeit, Liebe und Verständnis Ihrem Kind gegenüber in den Vordergrund zu stellen – ob es noch ein Baby ist oder schon in Kindergarten oder Schule geht. **Dann bekommt es die Gewissheit, angenommen, geachtet und geliebt zu werden – und zwar immer.** Nur so kann es Urvertrauen und Selbstwertgefühl entwickeln.

Das heißt aber nicht, dass Sie so tun müssen, als wären Sie mit allem einverstanden!

**Beispiel:** Die 4-jährige Lena will spielen und bestürmt ihre Mutter, die gerade am Computer ihre Mails beantwortet. Die Mutter sagt: »Du möchtest mit mir spielen, Lena? Bitte klettere jetzt aber nicht herauf, denn ich möchte noch diesen Brief fertig schreiben. Such dir doch inzwischen etwas Schönes aus, das du spielen willst!«

Sie müssen nicht alles hinnehmen und stoisch ertragen, Sie müssen auch nicht jeden Wunsch Ihres Kindes erfüllen. Im Gegenteil, Authentizität ist gefragt! Wenn Sie klar und sachlich sagen, was Sie stört, können Sie Konflikte fair und gewaltfrei lösen. So bleiben Sie für Ihr Kind berechenbar und geben ihm Sicherheit. Es lernt, sich in Sie und generell in andere Menschen hineinzuversetzen.

Üben Sie sich in Geduld, und bleiben Sie besonnen und nachsichtig. Denn zum Elternsein gehört auch, persönliche Befindlichkeiten oder Empfindlichkeiten hinter Ihre Verantwortung als Mutter oder Vater zu stellen. Das ist ein durchaus anspruchsvolles Programm, das Sie immer wieder an Ihre Grenzen bringen wird. Rückschläge und Fehler sind aber erlaubt, solange Sie bereit sind, immer wieder die Hand zur Versöhnung auszustrecken und schließlich zu Ihrem Kind zu sagen »Es tut mir leid« oder »Schwamm drüber!«.

## Was ist gut für mein Kind?

Sie als Erwachsene haben Ihrem Kind viel an Lebenserfahrung voraus. Sie sind hauptverantwortlich für seinen Schutz und seine Sicherheit. Doch gerade deshalb sollten Sie immer daran denken, dass Ihr eigenes Verhalten und Ihre eigenen Entscheidungen subjektiv sind. Denn Sie sind geprägt von Ihren eigenen Erfahrungen, Ihrer persönlichen Lebensgeschichte, Ihren eigenen Wünschen und Ängsten. Hierin liegt eine der größten Herausforderungen für Sie als Eltern. Stülpen Sie nicht Ihren eigenen »Rucksack« an Erfahrungen und Erwartungen Ihrem Kind über, sondern versuchen Sie herauszufinden, was es braucht, was seiner individuellen Persönlichkeit und seinen Fähigkeiten gerecht wird, **welche Begabungen und Talente es hat, was es mag und was nicht.** Ihre eigenen Vorstellungen müssen Sie wahrscheinlich oftmals hintanstellen, damit Ihr Kind sich seinen Anlagen gemäß entwickeln kann. Das erfordert einerseits einen tiefen Respekt vor der sich entwickelnden Persönlichkeit und andererseits ein behutsames, achtsames Einfühlen. Bringen Sie Ihrem Kind diese Haltung kontinuierlich entgegen, bekommen Sie ein Gespür dafür, wie die Antwort auf »Was ist gut für mein Kind?« lautet.

### Info: Zusammenspiel

Zum Glück herrscht heute nicht mehr die Meinung vor, ein Mensch wäre bei der Geburt ein unbeschriebenes Blatt, das man nach Belieben beschreiben könne. Heute ist es weitgehend Konsens, dass bei der Persönlichkeitsbildung ererbte Eigenschaften, eigene individuelle Anlagen und Umwelteinflüsse ineinandergreifen.

## Tipp: Kostbare gemeinsame Zeit

Besonders die folgenden Zeiten sind überaus wertvolle Investitionen in die Entwicklung Ihres Kindes, aus denen es sein Leben lang schöpfen wird:

* Zeit für Zuwendung
* Zeit für Rituale
* Zeit für Gespräche und Diskussionen
* Zeit für Gemütlichkeit
* Zeit zum Kochen und für gemeinsame Mahlzeiten
* Zeit für Spiel und Spaß
* Zeit für Familienfeste
* Zeit für Ausflüge
* Zeit für den Familienurlaub

Aber auch:

* Eltern-Zeit für die Partnerschaft
* Eltern-Zeit zum Auftanken

Ihr Kind weiß auch selbst nicht immer so genau, was das Beste für es ist oder was es gerade will. Es braucht Ihre behutsame Anleitung. Darauf, dass Sie in allen Zweifelsfällen die angemessene Entscheidung treffen, muss Ihr Kind sich verlassen können. Je jünger es ist, umso mehr. Dazu müssen Sie die hohe Kunst beherrschen, ein feines Gleichgewicht herzustellen zwischen Ihrer eigenen Ansicht, was in einer Situation gut für Ihr Kind ist, und den kindlichen Botschaften und (Unmuts-)Äußerungen. Je besser Ihnen das gelingt, umso mehr fühlt sich Ihr Kind sicher, geborgen und vertraut sich Ihnen an.

## Faktor Zeit: Qualität und Quantität

Grundsätzlich gilt: Es kommt mehr auf die Qualität der gemeinsam verbrachten Zeit an als auf die Menge. Dennoch erfordert eine gute Eltern-Kind-Beziehung einiges an Zeit, da muss man sich gar nichts vormachen. Dies ist sehr wichtig, denn kindliche Entwicklung lässt sich später nur sehr bedingt nachholen. Das neue Auto oder der Urlaub auf den Malediven können dagegen warten.

## Die Beziehung vertiefen

So können Sie mit Ihrem Kind wirklich in Kontakt kommen, sein Wesen erkennen und die Beziehung zu ihm spürbar vertiefen:

● Beobachten Sie Ihr Kind: beim Spielen, im Umgang mit anderen … Wie löst es Probleme und regelt Konflikte? Wie gut kann es sich durchsetzen? Sich anpassen? Frustrationen verkraften? Wenn Sie sein Handeln, seine Mimik, seine Reaktionen genau wahrnehmen, erfahren Sie viel über Ihr Kind, sein Temperament, seine Bedürfnisse.

● Spiegeln Sie ihm in Alltagssituationen wider, welche Gefühle und Bedürfnisse Sie an ihm wahrnehmen. So fühlt es sich verstanden und lernt, sich selbst zu verstehen.

● Stören Sie es nicht, wenn es in etwas vertieft ist: ob Ihr Baby nach dem Aufwachen im Bettchen vor sich hin brabbelt oder das Mobile betrachtet, ob Ihr Kleinkind einen Gegenstand genau untersucht oder Ihr Schulkind in ein Bild, eine Hausaufgabe vertieft ist.

● Gemeinsam ein Bilderbuch ansehen, Kicken im Garten, sich in ein Brettspiel vertiefen: Gemeinsame Vergnügen sind Ausdruck von Liebe und Zusammengehören.

● Trauen Sie Ihrem Kind etwas zu, indem Sie ihm altersgemäße Aufgaben übertragen. So kann es eine bestimmte Pflanze täglich gießen, später zusätzlich mittags den Tisch decken, abends die Katze füttern … Beziehen Sie es in alltägliche Aufgaben ein: beim Einkaufen, Kochen, Wäscheaufhängen, beim Flicken des Fahrradreifens. So erwirbt Ihr Kind wichtige Fähigkeiten und entwickelt Selbstvertrauen. Wenn es fragt: »Darf ich helfen?«, freuen Sie sich, auch wenn's dann etwas länger dauert.

*Willst du deine Kinder zu unglücklichen Erwachsenen machen, so erfülle ihnen jeden Wunsch.* Spruchweisheit

## Gleichwertig, aber nicht gleichberechtigt

Bei allem Respekt, den Sie Ihrem Kind entgegenbringen: Behandeln Sie es nicht wie einen Erwachsenen. Sie haben die Verantwortung, zum Wohl Ihres Kindes altersgemäße Vorgaben zu machen, **Entscheidungen zu treffen und ihm damit auch emotionale Sicherheit zu geben.** Wenn Eltern ihre Führungsrolle abgeben, verlieren Kinder Halt und Orientierung. Können sie dagegen darauf vertrauen, dass ihre Bedürfnisse, Vorschläge

und Einwände gehört und ernstgenommen werden, haben sie kein Problem damit, ihre Eltern und deren Anordnungen zu respektieren. Damit sich Ihr Kind bei Ihnen geborgen fühlt, braucht es Ihre Halt gebende, kompetente Begleitung.

### Der »Familienbetrieb«

Man kann eine Familie mit einem kleinen Betrieb vergleichen: Die Eltern sind im Idealfall das Führungsteam, die Kinder Nachwuchskräfte, die je nach Alter und Entwicklungsstand in Aufgaben einbezogen werden. Dabei liegt es in der Verantwortung der Chefs, dass »der Laden läuft«. Je größer Kinder werden, umso mehr lernen sie, eigenständig Aufgaben zu übernehmen, die Folgen ihres Tuns einzuschätzen, mögliche Konsequenzen zu übernehmen. So können sie dann als junge Erwachsene die volle Verantwortung für sich und ihr Handeln tragen. Bis dahin dürfen die Eltern das Steuer nicht aus der Hand geben. Ihre Aufgabe ist es, ihre Kinder zu lieben, für sie zu sorgen, ihre Bedürfnisse (körperliche wie seelische) ernstzunehmen. So legen sie den Grundstein dafür, dass ihre Kinder zufrieden und lebenstüchtig werden.

## Macht ist Verantwortung

Erziehung hat nichts mit Manipulieren zu tun. Vielmehr muss sie die Entwicklung zu einer freien, kreativen und verantwortungsbewussten Persönlichkeit fördern. Sie braucht dafür das richtige Maß an **Freiheit, Mitsprache und elterlicher Einflussnahme, alles zu seiner Zeit.** So wichtig elterliche Autorität ist, so verantwortungsvoll muss sie eingesetzt werden. Machtmissbrauch ist oft ein Zeichen von Hilflosigkeit und Überforderung. Sich Hilfe zu holen ist Zeichen von Verantwortung und Kompetenz.

## Tipp: Respekt

Sie gehen verantwortlich mit Ihrer Autorität um, indem Sie …
* die Bedürfnisse Ihres Kindes berücksichtigen,
* seine Gefühle ernst nehmen,
* Ihr Kind weder praktisch noch emotional überfordern,
* seine Wünsche und Argumente anhören und bedenken,
* ihm Aufmerksamkeit und Zuwendung schenken,
* es mit Respekt behandeln.

Neben Anbrüllen, Beleidigen, Verhöhnen, häufigen Drohungen und Ultimaten können auch typische Formulierungen darauf hinweisen, dass Eltern »mit ihrem Latein am Ende« sind:
* »Kommt nicht infrage!«
* »Sei nicht so frech!«
* »Jetzt gib endlich Ruhe!«
* »Ach, was verstehst du denn schon davon!«
* »Dann ist Mama traurig!«

# Erziehung – eine Frage des Stils

Wäre es möglich, würden sich die meisten Berufstätigen einen Chef aussuchen, der weder sehr autoritär noch führungsschwach ist. Ebenso sollten auch Eltern weder willkürlich autoritär herrschen noch die »Zügel« zu locker lassen.

Ein Führungs- oder Erziehungsstil nach dem Motto »Ich dulde keinen Widerspruch!«, der womöglich auch noch mit Gewaltanwendung verbunden ist, bringt keine zufriedenen, starken Persönlichkeiten hervor, sondern Unterdrückte, die sich in sich selbst zurückziehen oder, nicht selten, ebenfalls zu Gewaltanwendung neigen.

Auf der anderen Seite ist auch ein Laisser-faire-Stil, bei dem die Kinder machen können, was sie wollen, keine gute Lösung. **Denn Grenzenlosigkeit und uneingeschränkte Freiheit überfordern Kinder.** Sie fühlen sich dann im Stich gelassen und empfinden die Zurückhaltung ihrer Eltern als emotionale Gleichgültigkeit. Oft versuchen sie dann, das Ruder zu übernehmen, sind aber mit dieser Rolle überfordert. Gefragt ist also die goldene Mitte: ein Führungsstil, der ein klares Bekenntnis zur elterlichen Führungsrolle und -verantwortung zeigt und der den Kindern gleichzeitig genug Freiraum gibt.

## Wichtige Vorbilder

Ihre Vorbildfunktion können Sie als Eltern nur dann glaubwürdig verkörpern, wenn Sie selbst im Alltag umsetzen, was Sie Ihren Kindern »predigen«. Das betrifft alle Lebensbereiche, von Tischmanieren bis hin zur Ehrlichkeit oder Verlässlichkeit.

Eine Ausnahme bilden hierbei die Privilegien, die Erwachsene aufgrund ihres Alters genießen, wie zum Beispiel später ins Bett zu gehen, Alkohol trinken zu dürfen, das Auto zu steuern und Ähnliches.

Wünschenswert sind also authentische, fürsorgliche und starke Persönlichkeiten als Eltern.

## Keine Superhelden

Trotzdem braucht Ihr Kind keine Helden oder »Übermenschen« als Mutter und Vater, die niemals Fehler machen. Im Gegenteil, es lernt viel aus Ihrem Umgang mit Fehltritten und Missgeschicken. Ansonsten genügt es völlig, wenn Sie sich bemühen, ihm ein Vorbild zu sein. Kinder verzeihen ihren Eltern vieles, wenn sie deren ehrliches Bemühen spüren. Sie erfahren dann auch, dass niemand perfekt ist.

Kinder schauen sich von ihren wichtigen Bezugspersonen ab, wie diese in bestimmten Situationen reagieren, wie sie mit anderen Menschen umgehen, welche Strategien sie anwenden und welche Einstellungen sie haben. Untersuchungen zeigten, dass schon Vorschulkinder auf ähnliche Weise wie ihre elterlichen Vorbilder versuchen, Bedürfnisse zu äußern und

> *Erziehung ist zwecklos, die Kinder machen den Erwachsenen ohnehin alles nach.*
>
> Karl Valentin (1882–1948), dt. Komiker

Konflikte zu lösen. Da ihnen das noch nicht so gut gelingt wie den Großen, wenden sie in vielen Situationen schließlich doch wieder ihre kindlichen Strategien an: **schreien, weinen oder den Sandkastennachbarn mit der Schaufel traktieren.** Trotzdem gelingt es Kindern mit zunehmendem Alter immer besser, ihre erwachsenen Bezugspersonen und ältere Kinder nachzuahmen. Deshalb ist es so wichtig, ihnen ein gutes Vorbild zu sein – denn sie kopieren auch das, was wir an ihnen gar nicht gerne sehen.

## Tipp: Zuhause mal zwei

Wächst ein Kind beim einen Elternteil auf und besucht den anderen regelmäßig, sollten sich die Eltern in wichtigen Erziehungsfragen austauschen und absprechen. Das ist oft schwierig. In diesem Fall soll das Kind erfahren, dass es in zwei unterschiedlichen Regelsystemen lebt, die einander respektieren. Es gelten die Regeln des jeweiligen Hauses, das kennt es vielleicht schon vom Besuch bei Oma und Opa.

## Das Eltern-Team

Jeder Elternteil ist ein wichtiges Vorbild fürs Kind. Auch als Paar werden Sie genau wahrgenommen und dienen als erstes Modell. Ihr Kind sieht, wie Partner miteinander umgehen. Das prägt sein Geschlechter- und sein Familienbild. Schließlich ist die Liebe der Eltern zueinander in einer gut funktionierenden Partnerschaft die beste Voraussetzung für ein erfülltes Familienleben. Gehen die Eltern wertschätzend miteinander um, sind sie kooperativ, fair, solidarisch, auch bei Meinungsverschiedenheiten, fühlt sich ein Kind gut aufgehoben.

Ziehen Sie in der Erziehung an einem Strang, erreichen Sie eher, dass sich Ihr Kind sicher fühlt, an Regeln hält und nicht versucht, Sie gegeneinander auszuspielen. Jeder Elternteil hat Stärken und Schwächen. Deshalb brauchen Sie voneinander Verständnis, Ermutigung, Unterstützung. Bei Problemen verharren Sie nicht in Schuldzuweisungen, sondern suchen Sie gemeinsam nach Lösungen. **Einigen Sie sich auf eine Linie in allen wichtigen Erziehungsfragen.** Sie sollten sich aber beide auch frei fühlen, auf Ihre individuelle Art mit Ihrem Kind umzugehen, ohne dass sich der Partner einmischt.

## Schauen Sie auch auf sich

Bei aller Liebe zum Kind darf sich nicht alles nur um seine Belange drehen. Sonst verinnerlicht es die Überzeugung: »Meine Bedürfnisse sind wichtig, die von Mama und Papa nicht.« Stecken Eltern zu viel zurück, entwickeln sie unterschwellige Aggressionen. Das merkt man beispielsweise daran, dass man sich oft genervt fühlt und ungeduldig und ungehalten reagiert. Deshalb ist es wichtig, Kinder behutsam mit den Bedürfnissen der Eltern und anderer Menschen zu konfrontieren, ihnen Rücksichtnahme und kurze Wartezeiten zuzumuten.

Dabei ist es ebenfalls wichtig, dass die Partner einander unterstützen. **Beispiel:** Der Vater der 3-jährigen Susi kommt müde von der Arbeit. Susi lässt ihn kaum die Schuhe ausziehen, er muss sich sofort ihren Lego-Turm anschauen. Er tut es nur halbherzig, weil er gern kurz entspannen und mit seiner Frau die Neuigkeiten des Tages austauschen möchte. Eine mögliche Lösung: Auf die herzliche Begrüßung kann Susi nicht warten, auf das Spielen dagegen schon. Und als Mama sagt »Nachher schaut sich Papa deinen Turm an, und ich mache Abendbrot«, ist sie überzeugt.

## Tipp: Paar bleiben

Wenn sich alles ums Kind dreht, der tägliche Stress nicht nachlässt, entstehen viele Konflikte. Doch Eltern haben die Verantwortung, auch fürs eigene Wohl zu sorgen! Die goldene Regel: Der Tag gehört den Kindern, der Abend den Eltern. Dann bleibt genug Zeit für Paargespräche und Privatsphäre. Sorgen Sie für ein gutes Zeitmanagement in der Familie, unterstützt durch passende Rituale, die Ihrem Kind mehr Ruhe und Schlafzeit sowie gute Gewohnheiten vermitteln.

## Kompetenzen erwerben

Als Führungskraft in Ihrer Familie stellt sich neben der Frage nach Ihrem Führungsstil auch die nach Ihren (Führungs-)Kompetenzen. Nicht jeder Erwachsene bringt diese Fähigkeiten automatisch mit. Hier zeigt sich ein großer Unterschied zwischen Betrieb und Familie: **In der Arbeitswelt liegt berufliche Weiterbildung hoch im Kurs, in der Familie haben viele eine gewisse Scheu davor** – als wäre es das Eingeständnis einer persönlichen Unfähigkeit, wenn man seine natürlichen Erziehungskompetenzen vertiefen möchte. Deshalb versagen sich viele Eltern die Chance, sich zu informieren, zu reflektieren, sich mit anderen auszutauschen und die effektive Kommunikation mit ihren Kindern zu trainieren. Doch sobald Eltern Kurse belegen, merken sie, dass sie mit ihren Problemen nicht allein sind. Sie gewinnen an Sicherheit, Gelassenheit und Kompetenz.

Immer wieder werden verbindliche Kurse und Begleitprogramme für (angehende) Eltern gefordert, quasi ein Führerschein für Eltern. Dabei gibt es viele freiwillige Angebote, die sich wachsender Beliebtheit erfreuen (siehe Seite 124/125). Viele Eltern erweitern ihr Wissen über Erziehung auch über Ratgeber (wie diesen) und Internetforen. Wichtig ist dabei immer, dass Sie erworbenes Wissen mit Ihrer eigenen natürlichen Intuition, Ihrer Familiensituation und dem Temperament der Familienmitglieder in Einklang bringen. Nur so wirken Sie für Ihr Kind authentisch.

### Gutes Betriebsklima

Um das Bild der Familie als kleinen »Betrieb« wieder aufzugreifen: Ein kompetenter Chef braucht Durchsetzungsvermögen ebenso wie ein offenes Ohr für die Anliegen und die Ideen seiner Mitarbeiter. Er ist sowohl für das gute Betriebsklima verantwortlich als auch für möglichst reibungslose Abläufe.

## Tipp: Schlüsselqualifikationen

Gute Führungskräfte (ebenso wie gute Eltern)...

* sind authentisch, vertrauenswürdig, verantwortungsbewusst, zielstrebig, kritikfähig.
* haben Geduld und Humor, sind belastbar, engagiert.
* haben die Fähigkeit, sich bei Bedarf abzugrenzen.
* planen und setzen Prioritäten.
* verfügen über einen gesunden Ordnungssinn ohne Perfektionismus.
* glauben an die Fähigkeiten ihrer Mitarbeiter, motivieren, geben Anerkennung.
* haben ein offenes Ohr und zeigen Verständnis.
* sprechen Erwartungen und Anweisungen klar aus.
* fördern und fordern individuell und gerecht.
* delegieren und übertragen Verantwortung.
* gewähren Freiräume und Mitsprache.
* verlangen Rückmeldung und sparen sich lästige Kontrollen.
* vertagen, was nicht sofort geklärt werden muss, auf die nächste Teamsitzung.
* kritisieren wertschätzend und konstruktiv.
* sind loyal und stellen ihre Mitarbeiter nicht bloß.
* sehen Fehler als Chance zum Lernen, auch eigene.
* arbeiten nicht problem-, sondern lösungsorientiert.
* schätzen gutes Betriebsklima und gute Firmenkultur.
* achten auf das Wohl ihrer Mitarbeiter und gönnen ihnen Pausen.
* achten auch auf die eigenen Bedürfnisse.
* gönnen sich Coaching und Weiterbildung.

# Der Generalschlüssel: Kommunikation

Die Kommunikation spielt in der Erziehung wie im ganzen menschlichen Miteinander eine zentrale Rolle. Kommunizieren beinhaltet weit mehr, als zu reden. Wir senden Botschaften mit Worten, aber auch mit unserem Verhalten. Oft genügt ein warnender Blick oder ein Lächeln, um uns verständlich zu machen. Auch beim Sprechen senden wir gleichzeitig immer Botschaften auf der nonverbalen Ebene.

## Die vier Ebenen einer Botschaft

Ihr Baby verständigt sich noch ausschließlich ohne Worte, es schreit, weint, lacht, gluckst, signalisiert mit seiner Mimik, seinen Lauten und seiner Körpersprache Interesse, Hunger, Müdigkeit … Ihnen als Eltern kommt die Aufgabe zu, diese Botschaften zu entschlüsseln und Ihr Kind nach und nach immer besser zu verstehen. Kommt die Sprache hinzu, erleichtert das die Kommunikation, macht sie aber auch vielschichtiger. **Denn neben den Worten müssen wir auch die zwischen den Zeilen mitschwingenden Botschaften verstehen.** Immer gibt es, laut dem deutschen Kommunikationsforscher Friedemann Schulz von Thun, vier Ebenen in einer Nachricht, ob ausgesprochen oder unausgesprochen:

● die Sachebene (Informationen und Argumente),

● die Beziehungs- oder Wir-Ebene (wie ich zum anderen stehe),

● die Selbstoffenbarungs- oder Ich-Ebene (was ich über mich selbst vermittle),

● die Appell-Ebene (was ich mit dem Gesagten erreichen will).

Ob bewusst oder unbewusst, verbal oder nonverbal: Wir reden sozusagen mit vier Zungen.

**Beispiel:** Die Mutter der 5-jährigen Carolin ist genervt, weil diese ihre Spielsachen nicht eingeräumt hat.

Ihr »Na, wird's bald?!« klingt bedrohlich. Was steckt dahinter?

- Sachebene: »Ich habe dich schon drei Mal aufgefordert.«
- Selbstoffenbarungsebene: »Ich mag es nicht, wenn du mich scheinbar ignorierst!«
- Beziehungsebene: »Du nervst mich mit deinem Verhalten!«
- Appell-Ebene: »Bitte räum endlich deine Sachen ein.«

Bei Carolin kommt jedoch nur der bedrohliche Unterton an, der sie ängstlich und bockig macht. Die eigentliche Botschaft nimmt sie gar nicht wahr. Wir Menschen reden nämlich nicht nur mit vier Zungen, wir hören auch mit vier Ohren und stellen uns intuitiv folgende Fragen:

- Auf der Sachebene: Worüber spricht mein Gegenüber?
- Auf der Selbstoffenbarungsebene: Was teilt er oder sie mir über sich mit?
- Auf der Beziehungsebene: Wie steht mein Gegenüber zu mir?
- Auf der Appell-Ebene: Was will er oder sie von mir?

Kinder, die ja ganz von ihren Eltern abhängig sind, haben ein besonders großes »Beziehungsohr« und fragen sich ständig »Ist Mama böse auf mich?«, »Mag Papa mich noch?«, »Muss ich das ernst nehmen, was sie mir gerade sagen?«. **Die ausgesprochenen wie die unausgesprochenen Beziehungsbotschaften prägen die Kinderseele und das Bild, das ein Kind sich von sich selbst macht.** Wenn Eltern, anstatt sich eine Ermutigungsstrategie zu überlegen, ihrem Kind ständig verbal oder nonverbal vermitteln »Du bist so schlampig!«, »Du bist faul!«, »Du nervst«, »Du kannst das nicht« …, wird das Kind unbewusst dieser Erwartung entsprechen – ganz nach dem Motto: »Es hat ja doch keinen Sinn, wenn ich mich bemühe!«

Ganz sicher liegt es nicht in der Absicht von Eltern, ihren Kindern zu schaden und sie zu kränken. Besonders wichtig ist es deshalb, Kritik am kindlichen Verhalten immer wertschätzend zu formulieren.

Denn das Selbstwertgefühl eines Kindes ist noch sehr zart, und wir Erwachsenen können es sehr schnell verletzen.

Für Eltern ist es aber auch genauso wichtig, dass sie **ihrem Kind auf allen vier Ebenen zuhören.**

So steckt etwa hinter einer Trotzreaktion oft ein anderes Problem. Fragen Sie sich deshalb immer: »Wie mag sich mein Kind gerade fühlen? Was will es mir sagen?« **Beispiel:** Der 3-jährige Stefan versucht, sich selbst die Socken anzuziehen, aber es will einfach nicht klappen. Stefan wirft die widerspenstigen Dinger schließlich wütend quer durch das Zimmer: »Blöde Socken!« Als seine Mutter ihn trösten will, tritt er nach ihr. Sie setzt sich neben ihren Kleinen und sagt aufmunternd: »Diese Dinger sind aber auch einfach widerspenstig. Komm, wir versuchen es jetzt noch einmal gemeinsam. Ich bin doch da. Warte nur ab, in ein paar Wochen schaffst du es ganz allein.« Botschaft angekommen!

Natürlich gibt es aber Situationen, in denen nur noch ein »Nein« von Elternseite hilft, etwa wenn ein Kind sich oder andere mit seinem Handeln in Gefahr bringt.

Auch wenn Sie Ihrem Kind ein bisschen »auf den Zahn fühlen« wollen, ist es hilfreich, die vier Kommunikationsebenen im Hinterkopf zu haben. So können beispielsweise in dem Wort »Entschuldigung!« ganz unterschiedliche Botschaften mitschwingen:

● »Es tut mir wirklich leid, ich bereue es aufrichtig!«

● »Ich bereue es keinesfalls, aber ich entschuldige mich, damit ich meine Ruhe habe!«

● »Ich entschuldige mich, aber in Wirklichkeit sind doch eher die anderen schuld!«

Mithilfe von Fragen wie »Tut es dir denn wirklich leid?«, »Was willst du jetzt tun?« oder »Wie können wir es denn beim nächsten Mal besser machen?« erhalten Eltern oftmals einen tieferen Einblick in die Gemütslage ihres Nachwuchses.

> *Das echte Gespräch bedeutet: aus dem Ich heraustreten und an die Tür des Du klopfen.*
>
> Albert Camus (1913–1960), frz. Schriftsteller

## Kultur der Mitsprache und des Einspruchs

Konstruktive, offene, vertrauensvolle Gespräche stärken und vertiefen die Bindung zwischen den Gesprächspartnern. Außerdem bringen sie jeden von ihnen ein bisschen weiter – **mal in der Selbsterkenntnis, mal in der Kenntnis des anderen.** Auch mögliche Auswege und Lösungen, über die man allein vergeblich grübelt, zeichnen sich oft im Lauf eines Gesprächs ab. Im Austausch mit Ihnen und mit anderen Bezugspersonen lernt Ihr Kind, sich Herausforderungen zu stellen und sie zu bewältigen. Zu einer offenen, wertschätzenden Gesprächskultur gehört es dabei, dass jedes Familienmitglied ernstgenommen wird und mit seinen Anliegen Gehör findet. Schon kleine Kinder möchten mitreden, möchten mitentscheiden, wenn es um ihre Belange geht. Lernen sie, ihre Wünsche und Bedürfnisse sowie ihre Einwände zu artikulieren, dann haben sie es nicht nötig, zu boykottieren oder zu erpressen. Zur gelingenden Kommunikation gehört auch, dass unterschiedliche Meinungen akzeptiert werden, nach gemeinsamen Lösungen und Kompromissen gesucht wird. Nicht immer können Sie die Wünsche Ihres Kindes berücksichtigen. Fühlt es sich jedoch ernstgenommen und verstanden, kann es momentane Enttäuschungen eher akzeptieren.

# Richtig Grenzen setzen

Erziehen bedeutet mehr als erlauben oder verbieten, belohnen oder bestrafen, loben oder kritisieren. Erziehen ist im Grunde jede Art von Interaktion zwischen Ihnen und Ihrem Kind. Es ist die Art, wie Sie im Alltag für Ihr Kind präsent sind, mit ihm in Beziehung treten, wie Sie verbal und nonverbal mit ihm kommunizieren, Entscheidungen treffen, Ihrem Kind helfen und Konflikte mit ihm lösen. **Schließlich bedeutet Erziehung, Elternverantwortung wahrzunehmen.** So gesehen erziehen Sie Ihr Kind von Anfang an. Die Kunst besteht darin, ein feines Gleichgewicht zu finden: einerseits ein offenes Ohr für die Wünsche und Bedürfnisse des Kindes zu haben und andererseits sinnvolle Grenzen zu setzen. Es gilt, genau abzuwägen, wo berechtigte Interessen Ihres Kindes bestehen und wo Ihre schützende und fürsorgende Hand gefragt ist. Denn Kinder können noch nicht selbst über ihr Leben bestimmen – auch wenn sie es manchmal gern täten. Vielmehr ist es Ihre Aufgabe als Eltern, Ihre Kinder zu einem selbstbestimmten, eigenständigen, eigenverantwortlichen Leben hinzuführen. Das geht nur Schritt für Schritt und erfordert viel Geduld und Einfühlungsvermögen.

## Sich dem kindlichen Willen stellen

Zwar tun schon Neugeborene ihren Willen lautstark kund, damit ihre Bedürfnisse befriedigt werden. Bei einem Baby geht es aber für Eltern noch nicht ums Grenzensetzen, sondern zunächst ausschließlich um die sichere Bindung, die Erfüllung der lebensnotwendigen Bedürfnisse und um gute Rahmenbedingungen, damit es gesund und ausgeglichen gedeihen kann. Erst wenn das Krabbelalter beginnt, wird das Grenzensetzen wichtig – anfangs fast immer mit dem Wörtchen »Nein«, das dem davonrobbenden oder wegkrabbelnden Kind zeigen soll: bis hierher und nicht weiter.

**Mit 15 bis 18 Monaten nimmt Ihr Kind sich zunehmend als eigenständiges Individuum wahr** und probt Opposition. Nun ist es an der Reihe mit dem »Nein!«, die gefürchtete Trotzphase beginnt. Der Widerstand Ihres Kindes ist notwendig und gehört zum natürlichen Entwicklungsprozess dazu. Im Neinsagen, im Widerspenstigsein spürt es seinen eigenen Willen. Das ist wichtig, damit es lernt, seine eigenen Interessen durchzusetzen. Dazu muss es seine »Macht« ausloten und herausfinden, wie es sich gegen andere durchsetzen und wehren kann. Sie als Eltern sind bei dieser wichtigen Übung seine Ansprechpartner und »Sparringspartner« Nummer eins. Bei Ihnen probiert Ihr Kind sich aus. Wenn es im Familienalltag hoch hergeht, denken Sie immer daran:

- Sie können den Widerstand Ihres Kindes als Kompliment sehen, denn nur gegenüber Menschen, bei denen es sich gut aufgehoben und geborgen fühlt, rebelliert ein Kind. Denn bei ihnen hat es am wenigsten Angst vor Zurückweisung.
- Ihr Kind will testen, wie weit es gehen kann und worüber es schon selbst bestimmen darf. Damit übt es wichtige soziale Fähigkeiten ein.
- Sie können das natürliche Kräftemessen durch Wertschätzung, Liebe und Fairness unterstützen. Wenn Sie die Entwicklungsbedürfnisse und Signale Ihres Kindes achtsam wahrnehmen und so verständnisvoll wie konsequent darauf reagieren, gewinnt Ihr Kind an Reife und Selbstbewusstsein und hat es bald nicht mehr nötig, den Widerstand um des Widerstandes willen zu proben. Sie können dann immer besser einschätzen, wann es Freiheit (grüne Ampel), wann es Mitsprache (gelbe Ampel) und wann es Anweisungen (rote Ampel) braucht (siehe ab Seite 46).

# Regeln festlegen

Haben Sie Ihrem Krabbelkind bei »Gefahr im Verzug« noch Einhalt geboten, indem Sie es hochhoben oder ablenkten, so können Sie für Ihr Kleinkind und mit ihm gemeinsam Regeln festlegen, an die sich im Familienalltag jeder hält. Regeln helfen dabei, Werte zu vermitteln. Zuallererst aber sind sie eine sinnvolle Orientierungshilfe für das Zusammenleben: Jeder weiß, was zu tun ist und was von ihm erwartet wird. Regeln ermöglichen es Ihrem Kind, mit Ihnen zusammenzuarbeiten, und sie **schaffen einen sicheren Rahmen, in dem es fröhlich und unbeschwert Kind sein kann.**
Auch hier ist es wichtig, dass Sie ein Gleichgewicht finden zwischen Regulierung und Freiheit. Zu viele Regeln gängeln ein Kind und schränken es in seiner Entfaltung ein. Zu wenige Regeln geben einem Kind zu wenig Halt. Und beides führt zu Rebellion und zum unvermeidlichen, häufigen Übertreten von Regeln und Grenzen. Um das zu vermeiden, sollten Eltern sich in Ruhe überlegen, welche Regeln sie aufstellen und welche Werte sie ihrem Kind damit vermitteln wollen. Mehr dazu, wie Sie Familienregeln auch gemeinsam aufstellen, lesen Sie ab Seite 57.

## Notwendig und sinnvoll

Unverzichtbar und nicht zu verhandeln sind diejenigen Regeln, die Ihr Kind und seine Umgebung vor Schaden und Belästigungen schützen, etwa:
● dass es nicht bei Rot über die Straße gehen soll.
● dass es andere Kinder nicht schlagen darf.
Andere Regeln sind flexibler, und jede Familie legt sie individuell fest, zum Beispiel:
● wann Zubettgehzeit ist.
● auf welche Tischsitten in der Familie Wert gelegt wird.
● wie jeder im Haushalt hilft.

## Info: Unsere Familienregeln

Mal ergeben sich Regeln von ganz allein aus dem Familienleben, mal werden sie gezielt aufgestellt, um tägliche Abläufe zu strukturieren und Erziehungsziele verwirklichen zu helfen. Mit sinnvollen Regeln setzen sich die Eltern aber auch selbst Maßstäbe in der Erziehung.

Jede Familie stellt andere Regeln auf. Ab Seite 50 finden Sie mehr über die »mitwachsende« Ampelschaltung, und ab Seite 52 lesen Sie, worauf es beim Aufstellen und Umsetzen von Regeln in jeder Altersstufe ankommt. Hier zunächst als Beispiel die selbst aufgestellten Regeln einer Familie mit zwei Kindergartenkindern:

**(1) Wie wir miteinander umgehen**
* Wir hören zu und lassen den anderen ausreden.
* Anderen wehtun und sie auslachen ist verboten.
* Will jemand seine Ruhe haben, stören wir ihn nicht.

**(2) Wie wir uns beim Essen am Tisch verhalten**
* Wir kommen pünktlich und mit gewaschenen Händen zum Essen.
* Wir nehmen uns nur eine Portion auf den Teller und anschließend reichen wir die Schüssel weiter.
* Wir schmatzen nicht, reden nicht mit vollem Mund und zappeln nicht herum.

**(3) Sonstiges**
* Die Kinder dürfen eine halbe Stunde am Tag fernsehen – aber vorher immer Mama oder Papa fragen!
* Wenn es an der Tür klingelt, fragen wir zuerst, wer da ist.
* Die Kinder gehen abends um sieben Uhr von sich aus ihre Zähne putzen.

## Tipp: Rituale

Rituale sind Gold wert. Sie stellen eine besondere Form von Regeln dar. Familienrituale haben einen immer gleichen, vertrauten Ablauf, kehren regelmäßig wieder – und machen oft Spaß. Gelingt es Ihnen, in Ihrer Familie einige Regeln zu Ritualen werden zu lassen, verinnerlicht Ihr Kind die Regeln leichter. Vor allem, wenn Sie es dabei aktiv mit einbeziehen. Ein bewusst eingeführtes Ritual kann zum Beispiel das abendliche Vorlesen am Bett sein, ein spontanes Ritual ein »familieninternes« Wortspiel mit Frage und Antwort.

## Austesten garantiert

Wenn das familiäre Zusammenleben klar (aber nicht zu stark) geregelt ist, bedeutet das für alle: Beständigkeit, Berechenbarkeit und Sicherheit. Es gibt aber natürlich keine Garantie dafür, dass sich alle Familienmitglieder zu jeder Zeit an die Vereinbarungen halten.

Obwohl Kinder Regeln lieben, wollen sie sich doch immer wieder darüber hinwegsetzen. Dieser scheinbare Widerspruch liegt in der Natur des Menschen, insbesondere von Heranwachsenden.

Indem Kinder und Jugendliche ihre Grenzen ausloten, wollen sie im Grunde wissen:

- Wer hat mehr Macht?
- Wie weit kann ich gehen?
- Bekomme ich meinen Willen?
- Was kann ich schon so alles bewirken?

Friedfertige und liebevolle Eltern erkennen ihr Kind dann oft nicht wieder. Sie wollen nicht wahrhaben, dass ihr Kleines manchmal Machtspielchen inszeniert. Oft nehmen sie die Angriffe persönlich. Doch ein Kind will seine Eltern damit nicht ärgern, sondern es trainiert wichtige Fähigkeiten, die es für ein eigenständiges Leben braucht!

## Dem Widerstand begegnen

Die Trotzphase, heute bevorzugt Autonomiephase genannt, beginnt mit etwa 15 bis 18 Monaten. Jetzt entdeckt Ihr Kind sich als eigenständige Persönlichkeit mit eigenem Willen, und diesen will es auch verkünden und durchsetzen – es will sich selbst behaupten. Der Familienalltag gibt unzählige Gelegenheiten dazu, und Sie haben das Privileg, die bevorzugten Ansprechpartner und der »Reibebaum« dafür zu sein:

● Die 2-jährige Mara weigert sich plötzlich, sich anziehen zu lassen.
● Im Auto gibt es jedes Mal Ärger, weil der 3-jährige Christopher sich nicht anschnallen will.
● Mitten auf der Straße bleibt die 2-jährige Leonie stehen: Nein, sie will nicht die Hand geben!

Wie lange diese Phase dauert und wie heftig sie ausfällt, hängt vom Temperament Ihres Kindes ab, aber auch von der Art, wie Sie damit umgehen. Wichtig ist, dass Sie Ihr Kind emotional erreichen, ihm seine Gefühle widerspiegeln: »Du magst dich einfach nicht anschnallen, obwohl du weißt, dass das für deine Sicherheit sein muss.« Erst wenn es sich verstanden fühlt, können Sie wieder vernünftig mit ihm reden, und es hat keinen Grund mehr, auf notorischen Widerstand zu setzen. **Wenn Eltern Konflikte mit Verständnis, Geschick und Humor zu leiten wissen, ist das Leben mit Kindern lebendig, spannend und lustig.** An Ihrem Vorbild übt Ihr Trotzkopf Fairness, Verhandlungsgeschick, Kompromissbereitschaft, Teamfähigkeit. Ihr Kind lernt dabei gewinnen und verlieren, sich anpassen, sich durchsetzen und die Hand reichen. So kann die Trotzphase ausklingen. Erlebt Ihr Kind oder Jugendlicher später die geltenden Familienregeln als rotes Tuch, können und sollten sie neu verhandelt werden: »Mach mir einen Vorschlag!« Eltern staunen immer wieder, wie gern ihre Kinder im Grunde kooperieren und sinnvolle Ideen formulieren.

# Passende Konsequenzen finden

Meinungsverschiedenheiten sind im Familienleben unvermeidlich und völlig normal. Regeln sind dazu da, dass nicht alles täglich neu verhandelt, diskutiert, erklärt werden muss. Damit sie auch eingehalten werden, ist es nötig, Konsequenzen festzulegen – für den Fall, dass Ihr Kind sich über Grenzen hinwegsetzt und sich nicht an Regeln hält. Wie Sie selbst wahrscheinlich auch, befolgt Ihr Kind Regeln am ehesten, wenn sie ihm einleuchten. Manchmal muss aber »in der Hitze des Gefechts« eine Konsequenz, sprich eine unangenehme Folge helfen.

## Aus Folgen lernen

Grundsätzlich sollten die Folgen aus Grenzüberschreitungen logisch und für Ihr Kind nachvollziehbar sein. Es sollte also den Zusammenhang mit der Übertretung klar erkennen können. Sonst besteht die Gefahr, dass Ihr Kind nichts aus seinem Fehlverhalten lernt, sondern sich von Ihnen bestraft und schikaniert fühlt. **Im Idealfall denken Sie mit Ihrem Kind gemeinsam über mögliche Konsequenzen nach.** Auf diese Weise kann es Mitverantwortung übernehmen, weil es die Folgen seines Tuns abschätzen kann.

**Beispiel:** Die 7-jährige Clara weigert sich eines Mittags, zu essen: Sie hatte sich Nudeln gewünscht, aber Mama hat doch tatsächlich Kartoffeln gekocht! Claras Mutter nimmt es gelassen und verlangt von ihrer Tochter lediglich, dass diese am Tisch sitzen bleibt, bis alle anderen fertig gegessen haben. Am Nachmittag bekommt Clara einen Riesenhunger und wünscht sich, doch etwas gegessen zu haben. Die Mutter sagt jedoch nur: »Die Küche ist jetzt geschlossen! Den Hunger zwischendurch kannst du gern mit trockenem Brot und mit einem Apfel stillen!«

## Info: Eltern als gute »Gärtner«

Ihr Tätigkeitsprofil als Mutter oder Vater lässt sich treffend mit den Eigenschaften eines guten Gärtners vergleichen:

* Als Gärtner tragen Sie die Verantwortung für die Ihnen anvertrauten Sprösslinge – je kleiner und zarter diese noch sind, umso mehr.

* Gute Gärtner schaffen tatkräftig günstige Bedingungen, indem sie den Boden entsprechend vorbereiten, damit darauf die Setzlinge gedeihen können.

* Sie achten darauf, dass ihre Sprösslinge stets genügend Nahrung und Anregungen zum Wachsen bekommen.

* Die Gärtner düngen beizeiten, lassen ihre Pflänzchen aber dazwischen auch immer wieder in Ruhe wachsen.

* Manchmal stützen sie die Pflanzen ein wenig und schieben die Zweige und Triebe sanft in die richtige Richtung, damit sie schön gerade wachsen können.

* Sie achten auch darauf, dass sich jede Pflanze nach ihrer eigenen Wesensart entfalten kann. Dafür gewähren sie jeder einzelnen Pflanze genügend Raum – und jäten, wenn es nötig ist, das Unkraut.

* Gedeiht eines ihrer Pflänzchen einmal nicht so gut, passen sie ihre Pflegemaßnahmen an, ebenso machen sie es, wenn sich die Bedürfnisse mit der Zeit ändern.

* Als gute Gärtner sprechen sie viel mit ihren Pflanzen, damit diese gut gedeihen! Die gute Nachricht: Im Unterschied zu Pflanzen werden Ihre Kinder auch mit Ihnen sprechen – und oft genug auch widersprechen.

GRUNDLAGEN

# Der erzieherische Dreiklang

Durch ein gesundes Gleichgewicht von Freiheit und Anleitung, durch den Dreiklang von sinnvollen **Regeln, Grenzen und Konsequenzen** bei Übertretung lernt Ihr Kind, seine Bedürfnisse zu erkennen, sie auszuleben, aber wenn nötig auch aufzuschieben. Es erwirbt dabei unverzichtbare **soziale Kompetenzen** wie Rücksichtnahme, Kooperation und Zielstrebigkeit. Zwischen festem Halt und »langer Leine« wird es selbstsicher und eigenständig, es übernimmt **immer mehr Verantwortung** für sich und für andere. Stellen Sie sich den damit verbundenen Herausforderungen! Durch Ihre Liebe und Fairness erfährt Ihr Kind den Sinn von Regeln. Wenn Sie ihm **Werte vorleben** und sich mit ihm **darüber austauschen**, wird es von sich aus danach trachten, sein Leben in gute Bahnen zu lenken. So kann es sich zu einer freien, lebensfrohen und lebenstauglichen Persönlichkeit entwickeln.

# Das Ampel-Prinzip

Stehen, Gehen oder Achtgeben? Im Erziehungsalltag haben Sie es leichter, wenn Sie für die klaren Signale an Ihr Kind einen klaren visuellen Anhaltspunkt nutzen. Die Verkehrsampel eignet sich dazu prima. Mit ihrer Hilfe können Sie festlegen, wann Ihr Kind selbst entscheiden darf, wann es mitbestimmen darf – und wann es tun muss, was Sie sagen. **Je nachdem schalten Sie die Ampel auf Grün, Gelb oder Rot.**

Sie können die Ampel als Hilfsmittel nehmen, um sich über sinnvolle Regeln und Grenzen Gedanken zu machen. Sie können mit der Ampel außerdem spontan, je nach Situation, schnell und stimmig entscheiden, was Sie erlauben wollen (grün) und was nicht (rot), wie viel Sie mit Ihrem Kind diskutieren wollen (gelb) oder wann Ihre elterliche Autorität gefragt ist (rot). Atmen Sie im Zweifel einmal tief durch und lassen Sie sich bei der Ampelschaltung von Ihrer Intuition leiten.

Entsprechend signalisieren Sie Ihrem Kind entweder grünes Licht, Diskussionsbereitschaft oder ein deutliches »Stopp!«. Die Ampelschaltung darf also nicht Ihr Kind vornehmen, sie muss immer von Ihnen ausgehen. Deshalb brauchen Sie als Eltern Führungskompetenz. Die gute Nachricht: Es ist oft ganz einfach und macht Spaß!

## Tipp: Die Ampel

* Das grüne Ampellicht steht für Akzeptanz und Freiheit: Ihr Kind bestimmt selbst.
* Das gelbe Ampellicht steht für Diskussionsbereitschaft und Mitsprache: Eltern und Kind bestimmen gemeinsam.
* Das rote Ampellicht steht für die elterliche Autorität: »Das bestimme ich!«, »Hier geht's lang!« oder »Bis hierher und nicht weiter!«.

# Die Ampel zeigt Grün

In vielen täglichen Situationen hat Ihr Nachwuchs »freie Fahrt«, die Ampel zeigt Grün. Ihr Kind darf nun selbst bestimmen, was es tun will und was nicht. Dabei kann es seine Spielfreude, seine Bedürfnisse, seine Kreativität gemäß seiner Wesensart und seinen Wünschen ausleben: beim Matschen, beim Toben, beim wilden Schaukeln, beim Malen auf dem Riesenmalblock. Aber auch beim versunkenen Lesen im Lieblingsbuch oder bei fantastischen Tagträumereien. **Freiräume sind wichtig für eine gute Entwicklung. Kinder brauchen Gelegenheit, sich zu spüren: ihre Kräfte, ihr Können, ihre Ideen.** Bei grünem Licht erfährt Ihr Kind, dass es von seiner Umgebung so geliebt und geachtet wird, wie es ist. Es fühlt sich verstanden und angenommen, entwickelt Selbstwertgefühl und Urvertrauen. Freiheit kann nicht grenzenlos sein, denn ein kleiner Wirbelwind ist vielen Gefahren ausgesetzt, und auch verträumte kleine Künstler und Philosophen brauchen Anreize, um sich praktischen Dingen wie Zimmeraufräumen zuzuwenden. Freiheit braucht einen Rahmen, der je nach Situation, Alter und Entwicklungsstand unterschiedlich weit ist. Für alle Kinder gilt: **So viel Freiheit wie möglich, nur so viele Grenzen wie nötig.**

## Schnell umschalten

Beim Setzen von Grenzen (Rot) ist es hilfreich, erst kurz auf Grün zu schalten, indem Sie Verständnis zeigen. So akzeptiert Ihr Kind ein notwendiges Verbot eher.

**Beispiel:** Der 8-jährige Jan will einen Gruselfilm sehen, für den er noch zu jung ist. Papa spiegelt ihm seine Gefühle wider: »Du ärgerst dich, dass Papa den Film verbietet, obwohl du denkst, alle anderen in der Klasse dürfen ihn sehen.« Jan schnieft, nickt, fühlt sich verstanden und ernstgenommen. Papas Nein ist nicht mehr so schlimm.

## Die Ampel zeigt Gelb

Die gelbe Ampel symbolisiert Partnerschaftlichkeit und Mitsprache – sei es beim Diskutieren über geltende Familienregeln oder spontan in einer Alltagssituation. So können Sie etwa mit Ihrem Kind die Bettgehzeit neu verhandeln oder ihm bei der Kleiderfrage die Wahl aus einem begrenzten Angebot ermöglichen: »Es ist kühl draußen. Welche lange Hose willst du heute anziehen, die Jeans oder die Cordhose?« **Je nach Alter und Entwicklungsstand Ihres Kindes machen Sie Vorgaben, wie weit die Mitsprache geht.** Denn Sie beide müssen mit der gemeinsam getroffenen Entscheidung leben. Sie ist für beide Seiten verbindlich, bis neu verhandelt wird. Will Ihr Kind ständig neu verhandeln und gibt es bald mehr Ausnahmen als Regeln, dann schalten Sie rechtzeitig um auf Rot. Bei gelbem Licht lernt Ihr Kind, Alltagsentscheidungen zu treffen. Beim Verhandeln über Regeln lernt

es zudem, seinen Standpunkt zu definieren und Argumente zu formulieren. Wenn Sie Ihr Kind mitreden lassen und ihm Wahlmöglichkeiten zugestehen, fühlt es sich ernstgenommen. Das stärkt sein Selbstbewusstsein, sein Verantwortungsgefühl und letztlich seine Kooperationsbereitschaft:

● Schularbeit in zehn Tagen: »Mach dir einen Lernplan und zeig ihn mir dann!«
● Bildschirmzeit: »Wie viel Zeit pro Tag vor Computer und Fernseher findest du angemessen?«
● Kaputte Tasse: »Was ist zu tun? Brauchst du Hilfe? Was schlägst du als Wiedergutmachung vor?«
● Kinderparty: »Wer wird eingeladen? Was gibt es zu essen und zu trinken? Was wollt ihr spielen? Welche deiner Spielsachen stehen zur Verfügung, welche nicht?« Und: »Wer hilft beim Aufräumen? Wie viel Zeit braucht ihr dafür?« Es ist fast immer eine gute Idee, Ihr Kind zuerst nach seinen Lösungsvorschlägen zu fragen.

# Die Ampel zeigt Rot

»Stopp! So nicht!« Ab und zu muss die Ampel im Familienalltag auch auf Rot umschalten – und zwar immer dann, wenn Ihr Kind eine Grenze überschreitet oder Sie merken, dass die Entscheidungsfähigkeit oder die Kompetenzen Ihres Kindes an eine Grenze stoßen. Dann müssen Sie die freie Fahrt stoppen – zum Schutz und Wohl Ihres Kindes, weil andere Vorfahrt haben und um zu verhindern, dass Ihnen die Zügel entgleiten. Das ist wichtig, um Werte und Familienkultur zu etablieren und Ihrem Kind Rücksicht und Selbstdisziplin zu vermitteln.
Indem Sie die Ampel auf Rot schalten, machen Sie Gebrauch von Ihrer natürlichen Autorität. Sie bestimmen in diesem Moment, und Ihr Kind muss sich Ihren Anordnungen fügen. Es muss die Regeln einhalten und die Grenzen akzeptieren, die Sie ihm setzen. Ansonsten folgen Konsequenzen.

Die rote Ampel ist aber nicht gleichbedeutend mit Strenge und empfindlichen Strafen bei »Ungehorsam«. **Die Einschränkungen durch die rote Ampel sollen nicht willkürlich, sondern für Ihr Kind nachvollziehbar sein.** Dann geben Sie ihm inneren Halt und Sicherheit und erleichtern ihm das Einfügen in die Gemeinschaft. Ihr Kind wird die rote Ampel dann akzeptieren und davon profitieren!

## Ganz selbstverständlich

Eine besondere Rolle spielt dabei Ihr Vorbild: Wenn Sie selbst sich an die Regeln halten, etwa im Straßenverkehr oder im Umgang mit anderen, wird Ihr Kind sie ebenfalls akzeptieren.
Bei festen Regeln, Ritualen und guten Gewohnheiten ist die rote Ampel oft schon so vertraut, dass Sie sie Ihrem Kind nicht dauernd vor Augen halten müssen. Vielmehr ist das Ziel, dass Ihr Kind sich im Alltag ganz selbstverständlich an diese Regeln hält.

# Die Ampel richtig schalten

Sie kennen das aus eigener Erfahrung: Werden Sie mit zu vielen Regeln überhäuft, wird Ihnen zu viel vorgeschrieben oder untersagt, dann fühlen Sie sich gegängelt und bevormundet. Ihre Motivation sinkt. Ihrem Kind geht es da nicht anders: Bekommt es ununterbrochen zu hören: »Mach jetzt …«, »Du sollst aber …«, »Du darfst nicht …«, verliert es die Lust zu kooperieren. Es fühlt sich in seiner Freiheit eingeschränkt und will nun gar nicht mehr auf Sie hören.

## Freiheit zugestehen

Um seine Fähigkeiten, sein individuelles Wesen zu entfalten, braucht Ihr Kind Zeit und Gelegenheiten zum Ausprobieren und Experimentieren: viel grünes Licht. Es ist wichtig, dass Sie es in seiner Eigenart annehmen und nicht durch »Sei anders«-Botschaften verunsichern. Jedes Kind hat sein eigenes Tempo, seine Art, sich auszudrücken oder etwas zu tun. **Es hat von Anfang an ein Recht auf das Entfalten seiner Persönlichkeit.** Dieselbe Freiheit braucht es beim Äußern seiner Gefühle und Bedürfnisse. Schließlich weiß niemand besser über sein Befinden Bescheid als es selbst. Auch wenn Ihr Kind sich noch nicht adäquat ausdrücken kann, weiß es doch selbst am besten, ob es zum Beispiel Hunger oder Angst hat.

### Nur selten: rotes Licht

Eltern müssen umsichtig Entscheidungen treffen, sensibel und verantwortungsvoll die Balance suchen: Zu enge Strukturen erlebt ein Kind als Zwang, zu viel Freiheit vermittelt ihm ein Gefühl von Verlorenheit und elterlicher Gleichgültigkeit. Steht die Ampel auf Rot, soll es aber nicht um blinden »Gehorsam« gehen, sondern um das Wohl Ihres Kindes und seiner Umgebung.

## Übung: Neue Freiheit braucht das Kind!

Wann steht der nächste Geburtstag Ihres Kindes an? Denken Sie mit Ihrem Kind und Ihrem Partner gemeinsam darüber nach, was es im neuen Lebensjahr schon selbst tun darf – und kann. Denn inzwischen ist es ja größer und reifer geworden. Lassen Sie abwechselnd Ihr Kind einen Vorschlag machen und bringen selbst einen auf den Tisch. Sprechen Sie sich zuvor mit dem Partner ab, welche Vorschläge Sie als Eltern machen wollen!

* Kind: »Ich möchte allein mit dem Rad zur Schule fahren.«
* Eltern: »Wir wünschen uns, dass du morgens die Katze fütterst.«

Nach diesem Brainstorming wird das Für und Wider diskutiert. Alle Argumente zählen, jeder darf ausreden! Am Ende wird eine Entscheidung getroffen – dabei haben Sie als Verantwortliche das letzte Wort.

Je weniger Verbote Sie aussprechen, umso größer ist die Wahrscheinlichkeit, dass es sich an sie hält. Natürlich gibt es Situationen, in denen das klare Signal »Rot« das einzig Richtige ist. Doch häufig rutscht Eltern ein Nein über die Lippen, das gar nicht nötig wäre, sondern vielleicht nur bequem ist. Fragen Sie sich jedes Mal, bevor Sie ein Verbot aussprechen: »Warum eigentlich nicht?« – etwa wenn Ihr Kind einen Freund nach Hause einladen oder mit Wasserfarben malen möchte. Atmen Sie einmal tief durch, denn so gewinnen Sie einen kurzen Moment, um über die Situation nachzudenken. **Oder Sie bitten sich Bedenkzeit aus, wenn Sie sich überrumpelt fühlen und nicht sofort eine Entscheidung treffen wollen.** Das ist besser, als ein Ja oder Nein auszusprechen, das Sie später bereuen.

## So viel grünes Licht wie möglich – je nach Alter

Natürlich müssen Sie Ihre »Ampelschaltung« immer wieder aufs Neue dem Alter und dem individuellen Entwicklungsstand Ihres Kindes anpassen.

### Ihr Baby will die Welt entdecken

Schon ein Baby, das zu krabbeln beginnt, reagiert empfindlich auf zu viele rote Ampeln. Es will Erfolgserlebnisse haben, seine Anstrengungen sollen sich lohnen. **Wenn Ihr Baby die interessanten Gegenstände mühsam erreicht hat, möchte es auch etwas mit ihnen tun dürfen:** den Kochlöffel aus der Schublade nehmen und damit »Musik« machen. Die schöne Dose aus dem Wohnzimmerregal mit dem Mund erkunden. Die Teppichfransen mit seinen kleinen Fingern ganz genau untersuchen. Sagen Sie immer nur »Nein!«, nehmen Ihrem Kind die Dinge weg oder schnappen es sich und tragen es vom »Gefahrenort« weg, dann verliert es die Lust am Krabbeln. Außerdem wird es Ihr Nein immer weniger akzeptieren, wenn Sie das Wort inflationär gebrauchen. Gönnen Sie Ihrem Baby genug Erfolgserlebnisse! Um gleichzeitig seine Sicherheit (und die Ihrer wertvollen Gegenstände) zu gewährleisten, gestalten Sie die Umgebung möglichst babygerecht (siehe Kasten Seite 56).

### Lassen Sie Ihr Kind an Ihrem Leben teilhaben

Wenn Sie sich nicht mit Ihrem Baby beschäftigen können, lassen Sie es dennoch an Ihrem Leben teilhaben – zum Beispiel aus der Beobachterperspektive, im sicheren Rahmen. Den kann das Gitterbett bieten, der fahrbare Babykorb für die Terrasse … Wenn es Ihnen beim Wäscheaufhängen, Gemüseputzen … zusehen darf, wird ihm nicht langweilig. Schicken Sie ihm ab und zu ein Lächeln und singen oder plaudern Sie mit ihm.

## Ihr Kind lernt sprechen – und verstehen

Während es bei einem Baby, das noch nicht sprechen kann, nur die Entscheidung zwischen grünem und rotem Licht gibt, können Sie bei Ihrem Kleinkind **nach und nach die auf Gelb stehende Ampel einführen.** Mit einem größeren Kind können Sie beispielsweise vereinbaren, dass es sich einmal am Nachmittag zwei Kekse aus der Dose oder für jeden Finger ein Gummibärchen aus der Tüte nehmen darf. Nur wenn es sich nicht an die vereinbarte Regel hält, muss die Ampel wieder auf Rot schalten: »Wir haben doch ausgemacht, nur zwei Kekse. Leg bitte die anderen zurück.« Ansonsten gilt die Regel: »Wenn du später noch einen Keks möchtest, musst du zuerst Mama oder Papa fragen.«
Dabei lernt Ihr Kind, dass Sie ihm vertrauen: Es darf sich seine »Ration« nehmen, wann es will, und ohne dabei kontrolliert zu werden. Bei so viel grünem Licht hat es das gute Gefühl: »Mama und Papa vertrauen mir, und ich kann in einem gewissen Rahmen selbst bestimmen.« Das stärkt das Selbstbewusstsein und Verantwortungsgefühl Ihres Kindes ganz enorm.

## Immer eigenständiger: Ihr Schulkind

Im Grundschulalter schwanken Kinder zwischen dem Wunsch nach Eigenständigkeit und dem Wunsch nach der Hilfe von Mama und Papa. In vielen Bereichen können und sollten Sie Ihrem Kind nun immer mehr grünes und gelbes Licht geben, um seine Eigenverantwortung zu stärken, etwa …
● beim eigenständigen Erledigen seiner Hausaufgaben.
● bei der Gestaltung und individuellen Ordnung in seinem Zimmer.
● beim Packen seiner Schultasche und seines Koffers für den Skikurs. Checkliste anfertigen!
● bei der Wahl seiner Freizeitbeschäftigungen und der Auswahl seiner Freunde.

Da Ihr Kind nun zunehmend Zeit mit Gleichaltrigen und Bezugspersonen außerhalb der Familie verbringt, spielen auch Themen wie zum Beispiel Ernährung, Unterhaltungselektronik, persönliches Eigentum oder die Ausdrucksweise eine immer größere Rolle.

Während Ihr Schulkind immer öfter grünes Licht von Ihnen bekommen kann, da es immer eigenständiger wird, **gibt es jetzt auch immer neue Bereiche, für die Sie bei »Gelb« gemeinsam neue Familienregeln verhandeln müssen. Zum Beispiel …**

● die Zubettgehzeit.
● den Schulweg (allein? Mit dem Bus oder zu Fuß?).
● was Ihr Kind zwischen den Schulstunden isst.
● die bei den Freunden verbrachte Freizeit.
● die »Bildschirmzeit« pro Tag.
● die Höhe des Taschengelds und allgemein den Umgang mit Geld.
● kleine Pflichten und Aufgaben im Familienalltag.

Wenn Sie Ihrem Schulkind rotes Licht signalisieren, sollten Sie zunehmend darauf gefasst sein, dass es nachfragt: »Warum?«

Nehmen Sie sich zu solchen Gelegenheiten möglichst die Zeit für Erklärungen, denn aus Einsicht folgt Kooperationsbereitschaft. Allerdings müssen Sie nichts »zum hundertsten Mal« erklären – bei bereits verhandelten und erklärten Regeln reicht eine einfache Aufforderung.

## Teenies: Wehe, wenn sie losgelassen?

Mit dem Übertritt in die weiterführende Schule rast Ihr Kind auf die aufregende Teeniezeit und die Pubertät zu. Nicht umsonst »das zweite Trotzalter« genannt, ist diese Zeit **eine wichtige Loslösungsphase von den Eltern.** Sie beginnt immer früher (siehe Kasten Seite 55): Auch wenn Ihre Elfjährige für Sie noch ein Kind ist, kann die »junge Dame« das anders sehen – und oftmals mehr Freiheiten fordern, als Ihnen lieb ist.

## Info: Immer jünger

Im Laufe der letzten 150 Jahre hat sich der Beginn der Pubertät immer weiter nach vorn verschoben: Im 19. Jahrhundert bekamen Mädchen ihre erste Periode etwa zwischen dem 15. und 17. Lebensjahr, heute mit etwa zwölf. Als Gründe vermutet man die veränderte Ernährung (mehr Fettgewebe, mehr Hormone = frühere Fruchtbarkeit), veränderte Lebensgewohnheiten (mehr Lärm und Licht, weniger Schlaf) sowie chemische Auslöser, etwa Weichmacher in Plastikbehältnissen.

Ein älteres Kind oder ein Teenie (Teenager ist man ab 13 Jahre) ...

- will immer mehr Zeit mit Freunden und Schulkameraden verbringen – ohne Erwachsene.
- findet seine Eltern und ihre Fürsorge bisweilen »peinlich«, obwohl er oder sie nach wie vor von ihnen abhängig ist.
- will nachmittags und abends ausgehen.
- hat nicht selten »seltsame« Essensvorlieben.
- will sich ungestört in sein Zimmer zurückziehen und keine Auskunft über seine Beschäftigung oder sein Befinden geben.

- will ein Handy haben, aber nicht so oft von Ihnen angerufen werden.
- will ungestört in Computer- und Handywelten »abtauchen«.
- braucht »mehr Taschengeld« – egal wie hoch es bereits ist.

Genau aus diesen Gründen braucht Ihr Teenie (oder Teenie in spe) Regeln, die zum Beispiel festlegen, wohin er gehen darf, mit wem und bis wann. **Ihr Kind braucht jetzt Ihr besonderes Gespür für die richtige »Ampelschaltung« in jeder Lebenslage.** Grundsätzlich gilt: Jedes Mehr an Freiheit sollte mit einem Mehr an Verantwortung gekoppelt werden.

## Tipp: Freiraum und Sicherheit

Krabbeln, Spielen, Pauken, Chillen: In jedem Lebensalter können Sie für Ihr Kind eine altersgerechte Umgebung schaffen, zunehmend mit seiner Mithilfe. Die äußere Struktur mit Ordnung, aber auch Anreizen hilft Ihnen, Regeln umzusetzen und Grenzen aufzuzeigen – und Sie sparen sich die rote Ampel für Wichtiges auf. Einige Beispiele:

* Räumen Sie für Ihr **Krabbelkind** Gefahren und Versuchungen aus den Bereichen Ihrer Wohnung und Ihrer Möbel (untere Regalfächer!), die es bereits erreichen kann. Füllen Sie die für Ihr Baby greifbaren Fächer und Schubladen, etwa in der Küche, mit ungefährlichen und erlaubten Dingen. Sichern Sie Treppen und Steckdosen.

* Bieten Sie Ihrem **Kleinkind** viel »Auslauf« für seinen Bewegungsdrang – auch für Regentage, an denen es Gummistiefel und Regenjacke ausführt. Wie wär's außerdem mit einem »Tobekeller« mit Matratzen, Kissen und einer großen Kiste mit Verkleidungsmaterial? Dann leiden Ihre Ohren und die Wohnzimmereinrichtung nicht, wenn ein Ausflug nach draußen gerade nicht möglich ist.

* Gestalten Sie gemeinsam mit Ihrem **Schulkind** einen geeigneten Platz für Hausaufgaben und Lernen: hell und klar, mit allen nötigen Utensilien, aber ohne Ablenkungen. Dazu noch eine Kuschelecke zum Lesen und Träumen – perfekt!

* Erlauben Sie Ihrem **Teenie**, sein Zimmer nach seinem Geschmack zu gestalten – aber vorher mit Ihnen absprechen, was gemacht werden soll! Zur Grundausstattung des Teeniezimmers gehört übrigens das selbst gebastelte »Bitte-nicht-stören«-Schild für die Tür.

# Regeln aufstellen

Wenn es Ihnen wichtig ist, dass sich Ihr Kind in einer bestimmten Weise verhält, und es das (noch) nicht von sich aus tut, so führen Sie eine neue Regel ein. Welche Regeln in Ihrer Familie gelten, entscheiden Sie individuell, ebenso, welche Regeln verhandelbar, also flexibel sind und welche nicht.

## Mitsprache erwünscht!

Oftmals ist es möglich und sinnvoll, Kindern ihrem Alter angemessen Mitsprache beim Aufstellen von Regeln einzuräumen. Die Ampel zeigt in solchen Situationen Gelb: »Du darfst mitgestalten, innerhalb der Grenzen, die wir vorgeben.« **Auf diese Weise ist Ihr Kind viel eher zur Kooperation bereit,** wenn es ans Umsetzen der gefundenen Regeln geht. Außerdem akzeptiert es dann auch die von Ihnen aufgestellten, unverhandelbaren Regeln leichter.

## Sie führen die »Verhandlung«

Auch wenn Sie die Führungsverantwortung haben: **Bleiben Sie gesprächs- und kompromissbereit.** Als Auftakt zum Verhandeln können Sie einen Vorschlag machen, oder Sie holen einen bei Ihrem Kind ein. So motivieren Sie es zur Zusammenarbeit: »Du möchtest also ab jetzt allein zur Schule gehen, ohne dass wir dich hinfahren. Wir möchten aber nicht, dass du ganz allein gehst. Wer von deinen Klassenkameraden wohnt in der Nähe und kann mit dir gemeinsam gehen? Und was machen wir, wenn derjenige krank ist?«

Ihr Kind hat so die Möglichkeit, mitzudenken und nachzudenken und sich selbst zu befragen. Es kann seine Ansichten, Wünsche und Bedürfnisse äußern und Ideen einbringen. Ihr Kind macht so die Erfahrung, dass es etwas erreichen kann, wenn es gute Argumente hat und konstruktive Vorschläge macht. Es fühlt sich eingebunden und berücksichtigt, es entwickelt

Eigenverantwortung, Selbstwahr-
nehmung und Selbstbewusstsein.

### Kreative Ideen aufgreifen

Kinder haben oft prima Ideen dazu,
wie man Regeln verändern kann,
damit sie besser funktionieren –
und damit sie sich bereitwilliger daran halten. Auch aus diesem Grund
lohnt es sich immer, wenn Sie Ihr
Kind fragen, was es vorschlägt.
**Beispiel:** Der 8-jährige Paul kommt
allmorgendlich einfach nicht aus
dem Bett. Seine Mutter weckt ihn
zwar stets rechtzeitig, muss dann
aber mehrfach wiederkommen,
bis Paul endlich aufsteht. Das führt
jeden Morgen zu Hektik und zu
genervter Stimmung. Als Pauls
Mutter eines Tages beim Mittagessen vorschlägt, das Problem mit
einer früheren Zubettgehzeit zu
lösen, damit Paul rechtzeitig aus-
geschlafen ist, stellt der sich quer.
Seiner Meinung nach hat beides
überhaupt nichts miteinander zu
tun! »Was schlägst du denn dann
vor?«, fragt seine Mutter erstaunt.

Paul denkt eine Weile nach und
macht schließlich einen Vorschlag:
Die Mutter soll ihn nicht mehr
wecken, sondern ihm einen eigenen Wecker kaufen. Er würde
ihn dann jeden Abend stellen und
selbst dafür verantwortlich sein,
dass er rechtzeitig aufsteht!
Je älter Kinder sind, umso verhand-
lungsbereiter zeigen sie sich. Sie
wollen und können mitdiskutieren
und verhandeln, bevor eine Rege-
lung getroffen wird. **Deshalb sollten Sie schrittweise immer mehr
Ideen und Anregungen Ihres Kindes übernehmen.**
Doch Vorsicht: Mitsprache heißt
nicht, dass so lange geredet und
verhandelt wird, bis Ihr Kind seinen Willen oder eine abwegige
Idee durchgesetzt hat. Sie als Eltern
behalten die Verhandlungsführung
bis zum Ende in der Hand.

### Kompromisse finden

Wenn Kinder mitbestimmen dürfen, sind Konflikte und Machtkämpfe zwar seltener, aber es ge-

hört zum Kindsein, die eigenen Einflussmöglichkeiten zu erproben, Grenzen austesten und überschreiten zu wollen. Dabei hält Ihr Kind Ihnen den Spiegel vor: Wie viel Respekt haben Sie sich bei ihm »erarbeitet«? Es lohnt sich, wenn Sie sich dieser Herausforderung stellen, denn es fördert nicht nur die Beziehung zu Ihrem Kind, sondern auch Ihre eigene Weiterentwicklung. Oft hilft es sehr, wenn Sie nicht in allen Punkten auf Ihrer Forderung bestehen. Indem Sie Zugeständnisse machen, aber gleichzeitig »das Heft in der Hand behalten«, können Sie die Situation beruhigen.

**Beispiel:** Jeden Morgen gibt es Geschrei und ein Riesentheater, weil die 4-jährige Linda nicht die Kleidungsstücke anziehen will, welche die Mutter ihr hingelegt hat. Linda will ihre Kleidung selbst aussuchen. Die Mutter weiß aber, dass ihre Tochter damit noch überfordert ist. Ihr Vorschlag lautet deshalb: »Ich lege dir ab jetzt immer zwei Hosen und Pullis hin, und du kannst daraus auswählen!« Linda schnieft noch kurz – und ist einverstanden. Nachdem es eine Weile sehr gut geklappt hat, »erhöht« die Mutter die Auswahl auf je drei Kleidungsstücke …

## Info: »Nebenwirkung«

Wenn Ihr Kind beim Aufstellen von Familienregeln mitwirken darf …
* trainiert es dabei sein Verhandlungsgeschick,
* übernimmt Verantwortung für sein Handeln,
* fühlt sich ernstgenommen
* und übt kooperatives und demokratisches Verhalten ein: den Austausch von Meinungen und Argumenten sowie das Finden von Lösungen und Kompromissen.

## Checkliste: Regeln für Regeln

Beim Aufstellen von Familienregeln sollten Sie immer Folgendes beachten:

* Die Regel muss dem Alter und
  dem Entwicklungsstand Ihres
  Kindes angemessen und für es
  verständlich sein.
* Jedes der Familienmitglieder
  muss sich an die Regeln, die für
  es gelten, auch halten können.
* Lassen Sie Ihr Kind so weit
  wie möglich die Regeln, die in
  Ihrer Familie gelten sollen, mit
  aufstellen und mit formulieren.
* Jede der Regeln muss klar und
  eindeutig formuliert sein.
* Alle Regeln sollten, wenn
  irgend möglich, positiv formuliert sein (also beispielsweise
  »Wir tun …« statt »Wir dürfen
  nicht …«).
* Jede Regel sollte für Ihr Kind
  einleuchtend und logisch
  nachvollziehbar sein. Gehen

Sie daher beim Aufstellen
unbedingt auf Einwände ein:
Wie weit sollten Sie ihm ent-
gegenkommen, damit es die
Regel akzeptiert?

* Legen Sie auch fest: Welche
  Konsequenzen folgen aus der
  Überschreitung der Regel?
* Weniger ist mehr: bitte kein
  »inflationäres« Aufstellen von
  Regeln.

Nachdem eine Regel von allen
Familienmitgliedern akzeptiert
wurde, sind auch alle mitver-
antwortlich dafür, dass sie eingehalten wird.
Überprüfen Sie von Zeit zu Zeit,
ob die Regel noch sinnvoll und
stimmig ist.
Sinnvoll und hilfreich ist es, die
Regeln gemeinsam auf einen
großen Bogen Papier zu schreiben und diesen an einem für alle
sichtbaren Ort aufzuhängen.

## Neuverhandlung und Ausnahmen zulassen

Sie unterstützen Ihr Kind dabei, sich an Regeln und Vereinbarungen zu halten. Sie vermitteln ihm, **dass Regeln nicht für immer und ewig gelten müssen,** aber auch nicht einseitig außer Kraft gesetzt werden dürfen. Zweifeln Sie oder Ihr Kind den Sinn von bestehenden Regeln dauerhaft an, bedarf es neuer Absprachen. Eine Regel kann zum Beispiel sinnlos geworden sein …

● wenn Sie oder Ihr Kind sich aufgrund äußerer Umstände nicht an die Regel halten können. Zum Beispiel wenn es nach dem Schulwechsel oder Umzug einen längeren Heimweg hat und erst später zu Hause sein kann.

● wenn Sie die Einhaltung der Regel nicht überprüfen können, etwa weil Sie wieder ganztags arbeiten gehen.

● wenn Ihr Kind einer Regel entwachsen ist, etwa was die Zubettgehzeit oder die Gestaltung des Schulwegs betrifft.

Dass eine Regel nicht mehr so richtig passt, merken Sie vor allem daran, dass Ihr Kind vermehrt Widerstand dagegen leistet oder Sie selbst sich mit der Durchsetzung schwertun. In diesem Fall muss die Regel erneuert oder die damit verbundene Grenze erweitert werden.

### Einmal aussetzen!

Manchmal hilft es aber auch schon, eine Regel ausnahmsweise und vorübergehend zu lockern. Geht Ihr Kind zum Beispiel immer lustloser mit seinem Besteck um, legen Sie mal ein »Neandertaler-Essen« ein und essen genussvoll mit den Fingern. Oder ein besonderer Kinderfilm, eine Quizshow bedeutet ausnahmsweise grünes Licht für späteres Zubettgehen.

Danach lässt sich die Regel, bei Tisch anständig mit dem Besteck zu essen oder zur vereinbarten Zeit freiwillig ins Bett zu gehen, wieder einfacher umsetzen. Als Faustregel gilt dabei: Lassen Sie maximal 20 Prozent an Ausnahmen zu.

## Die Verantwortung liegt bei den Eltern

Trotz aller erwünschten Mitsprache Ihres Kindes: Beim Aufstellen von Regeln und Grenzen ist es unabdingbar, dass Sie mit Ihrer Autorität als Eltern auftreten und die Verantwortung übernehmen – und diese auch nicht aus der Hand geben. Das bedeutet, dass Sie freundlich, aber bestimmt und klar nicht nur sagen, sondern auch zeigen, was Sie von Ihrem Kind erwarten.

## Ein Vorbild im Alltag

Sehr oft hilft es bei der Umsetzung von Regeln, wenn Sie mit gutem Beispiel vorangehen. **Manchmal muss dann gar keine Regel formuliert werden, weil das Ganze schon zum Ritual geworden ist** (siehe Seite 40). Mit Ihrem Vorbild wecken Sie den Nachahmungstrieb Ihres Kindes, das klappt gerade bei kleinen Kindern recht zuverlässig. Etwa bei Tisch, wo es sich seine Manieren und Höflichkeitsformeln bei Ihnen abschauen wird.

Gute gemeinsame Gewohnheiten und Rituale helfen dabei, Regeln einzuführen und sie auch einzuhalten. So kann sich die Familie immer um 18 Uhr zum Abendessen treffen, weil das »schon immer so war«. Hier muss nicht lange verhandelt oder geregelt werden. Erst wenn Ihr Kind etwas »Wichtigeres« vorhat, wird es diese Familientradition infrage stellen, und Sie müssen womöglich eine neue Regel aufstellen.

**Beispiel:** Die 3-jährige Nina will sich vor dem Essen partout nicht die Hände waschen gehen. Ihr Papa geht deshalb eines Mittags mit ihr ins Bad, und die beiden veranstalten einen lustigen »Händesalat« im Waschbecken mit Wasser und richtig viel Seifenschaum. Irgendwann will Nina sich dann »erwachsen« die Hände waschen und fordert Papa sogar dazu auf, es ihr nachzutun. Sie hat nämlich festgestellt: Mit klebrigen Fingern macht das Essen viel weniger Spaß als mit sauberen.

## Übung: Sich selbst befragen

Ihre Familienregeln müssen einerseits dem Wohle Ihres Kindes und seiner Umgebung zuträglich sein, andererseits müssen sie auch angemessen sein und dürfen Ihr Kind nicht in seiner Entfaltung behindern. Deshalb herrscht Willkür-Verbot: Nur aus Lust und Laune aufgestellte Regeln und Grenzen, die womöglich morgen nicht mehr gelten, sind tabu. Eine selbstkritische Befragung kann Ihnen bewusst machen, wie sinnvoll eine angedachte Regel ist. Versuchen Sie, spontan und ehrlich sich selbst gegenüber zu antworten, und überlegen Sie allein oder gemeinsam mit Ihrem Partner:

* Ist die Regel oder Grenzsetzung, die mir vorschwebt, wirklich erforderlich? Oder geht es eher darum, zu zeigen, wer das Sagen, die Macht hat?

* Kann ich mich gegebenenfalls auch selbst an diese Regel halten und meinem Kind ein gutes Vorbild sein?

* Gibt es in unserem Familienalltag momentan starke Gefühle, die Motive für den Wunsch nach der Regel sein könnten? Bestimmen Emotionen wie Ärger, Angst, Überforderungsgefühle oder Enttäuschung meine Entscheidung?

* Möchte ich meinem Kind mit der Regel wirklich Werte und Normen vermitteln, oder möchte ich einfach nur öfter meine Ruhe haben?

* Wird die Regel auch meinen berechtigten eigenen Bedürfnissen gerecht?

* Habe ich überhaupt die Möglichkeit und auch den Willen, auf die Einhaltung dieser Regel zu achten?

## Tipp: Vorbild

Ihr Kind wird bei allen ausgehandelten und von Ihnen aufgestellten Regeln sehr genau überprüfen, ob sich auch seine Eltern an das Vereinbarte halten. Denn nicht zuletzt sind die allgemeinen Regeln auch für die Eltern verbindlich (das gilt natürlich nicht für »Kinder-Regeln« wie frühere Zubettgehzeit oder Alkoholverbot).

### Die Einhaltung überprüfen

Wenn Sie eine Regel aufstellen, sollten Sie auch darauf achten können, dass sich Ihr Kind daran hält. Denn nur dann bleiben Sie als Eltern glaubwürdig. Dabei genügt es nicht, wenn Sie Ihr Kind zurechtweisen, sobald es sich nicht an die Regeln hält. Sie müssen auch bereit sein, aktiv einzugreifen, indem Sie ihm beispielsweise ein Spielzeug wegnehmen oder bei

Bedarf ein klärendes Gespräch mit ihm führen (keine Predigt halten!). Vergessen Sie auch nicht, Ihr Kind zu loben oder ihm **eine positive Rückmeldung zu geben, wenn es sich an Regeln hält und kooperiert.** Auch so erfährt es immer wieder, was Sie von ihm erwarten. Zusätzlich genießt es das Gefühl, dass Sie sich über sein Verhalten freuen, und wird in seinem positiven Verhalten bestärkt.

### Keine unnötigen Kontrollen

Niemand liebt es, ständig kontrollieren zu müssen und kontrolliert zu werden. Für ein Kind ist es lästig, für die Eltern anstrengend. Aber wie kann man stattdessen den Überblick zur Einhaltung von Regeln bewahren?
**Beauftragen Sie Ihr Kind, Ihnen zu melden,** wenn es mit einer Aufgabe fertig ist, den Fernseher oder den Computer ausgeschaltet hat, es nach den Hausaufgaben in den Garten geht und so weiter. Dadurch schaffen Sie Gelegenheit, seine

Zuverlässigkeit anzuerkennen, gegebenenfalls nachzufragen und den Überblick zu bewahren. Abweichungen dagegen müssen Ihnen vom Kind gemeldet werden. Es ist Ihnen Rechenschaft schuldig, und Sie brauchen nicht zum wiederholten Mal die Regel zu begründen. Sollten Sie nicht in der Lage sein, die Einhaltung einer Regel zu kontrollieren, müssen Sie sich entscheiden. Entweder erst gar keine Regel aufstellen – oder die Angelegenheit als Vertrauenssache deklarieren: »Wir haben vereinbart, dass du erst nach den Hausaufgaben und dem Lernen eine Sendung ansehen darfst, ich kann es aber nicht kontrollieren, wenn du allein zu Hause bist. Ich kann nur auf deine Disziplin und Ehrlichkeit vertrauen.«

### Positive Erwartungen ...

... stärken die Vertrauensbasis und die Eigenverantwortlichkeit Ihres Kindes. Sie müssen dann nicht mehr prüfen, ob die Zahnbürste nass ist, sondern werden auf Ihre Frage »Zähne geputzt?« eine ehrliche Antwort erhalten. Mama und Papa werden nicht angeschwindelt, das ist Ehrensache!

## Übung: Erfolge schriftlich festhalten

Damit Sie schwarz auf weiß sehen, wie erfolgreich Ihre Familienregeln umgesetzt werden, halten Sie doch ab und zu gemeinsam mit Ihrem Partner fest: Welche unserer Familienregeln hat unser Kind heute befolgt ...

* freiwillig, von sich aus?
* nach Aufforderung?
* nach anfänglichem Widerstand?

Hat es auch Regeln nicht befolgt? Woran könnte das liegen? Eine solche Niederschrift bietet auch immer eine gute Gelegenheit zum ruhigen Gedankenaustausch.

# Regeln und Grenzen wertschätzend vermitteln

Gerade beim Vermitteln von Regeln und Grenzensetzen sind Klarheit und Eindeutigkeit sehr wichtig. Ihr Kind will schließlich wissen, woran es ist. Ganz allgemein gibt es einige wichtige Grundregeln – die natürlich nicht nur für das Sprechen mit Kindern gelten.

## Authentisch sein

Ihre Worte und Ihr Verhalten sollten möglichst übereinstimmen, sonst wird Ihr Kind die »Haltbarkeit« der Grenze austesten. Haben Sie keine Angst, Ihr Kind zu verärgern oder vor den Kopf zu stoßen, wenn Sie klare Ansagen machen. Meiden Sie lange, umständliche Erklärungen und Floskeln wie …

- »Eigentlich solltest du …«
- »Könntest du vielleicht …?«
- »Meinst du nicht, du solltest …?«

Solche Formulierungen bieten »Schlupflöcher«, denn sie vermitteln Ihrem Kind, dass die Botschaft gar nicht ernst gemeint ist.

**Beispiel:** Die 5-jährige Lucie möchte an der Supermarktkasse einen Schokoriegel haben. Die Mutter sagt bittend: »Nein, Lucie, den sollten wir nicht auch noch mitnehmen!« Lucie zieht einen Flunsch und bringt ihre Mama damit zum Lachen – und zum Nachgeben: »Na gut, ausnahmsweise …«

Wenn Sie beim Neinsagen unentschlossen oder unsicher klingen oder **wenn Sie nicht hinter diesem Nein stehen, spürt Ihr Kind das genau,** denn es hat dafür sehr feine Antennen. Wenn Ihre Stimme, Ihr Tonfall, Ihr Blick und Ihre Haltung nicht mit dem ausgesprochenen Nein übereinstimmen, dann wird Ihr Kind vermutlich so lange weiterfordern oder seinen ganzen Charme einsetzen, bis es schließlich bekommt, was es will – ganz besonders, wenn es mit dieser Methode schon erfolgreich war!

## Konkret formulieren

»Das tut man nicht!« Mit solchen Aussagen verstecken Sie Ihre Wünsche an Ihr Kind hinter pauschalen Normen. Das ist bequem, doch was bewirkt es? Wer solche Parolen früher selbst zu hören bekommen hat, weiß, dass sie Widerstand wecken. **Ein Kind möchte nicht mit erhobenem Zeigefinger angesprochen werden.** Es möchte wissen und nachvollziehen, warum es etwas tun oder lassen soll. So erfährt es, dass Sie authentisch hinter Ihren Aussagen stehen.

- Beschreiben Sie, worum es geht, klar und ohne zu bewerten: »Du rutschst schon seit mehreren Minuten auf deinem Stuhl herum.«
- Schildern Sie Ihr subjektives Empfinden beziehungsweise Ihre Meinung: »Das stört die anderen beim Essen.«
- Sagen Sie, was Sie wollen, je nach Situation als Wunsch oder Anweisung: »Ich möchte/wünsche mir, dass du für den Rest der Zeit ruhig sitzt!«
- Bieten Sie Ihrem Kind ein Gespräch zum Problemlösen an: »Lass uns bitte heute Nachmittag besprechen, was du Sinnvolles tun kannst, wenn du so schnell mit dem Essen fertig bist. Überleg dir bis dahin deinen Vorschlag!«

## Übung: »Wie wirke ich?«

Oft sind Kleinigkeiten entscheidend. Machen Sie ein Rollenspiel mit Ihrem Partner als »Kind« und spielen Sie dabei eine typische Nein-Situation durch. Wie überzeugend sind Sie?

- ✳ Tief durchatmen,
- ✳ aufrechte Haltung einnehmen oder in die Hocke gehen, mit Blickkontakt auf Augenhöhe,
- ✳ feste Stimme, fester Blick,
- ✳ kurze, klare Sätze.

### Keine Konjunktive!

Wörter wie »vielleicht« und »eigentlich« sind beim Aufstellen und Durchsetzen von Regeln ungeeignet, denn sie schwächen Ihre Botschaft. Wie würden Sie selbst beispielsweise auf die folgenden Sätze reagieren:

● »Könntest du vielleicht deine Schuhe wegräumen?«

● »Eigentlich solltest du mehr Wasser trinken statt Cola.«

● »Meinst du nicht, dass der grüne Pulli etwas zu dünn sein könnte?« Diese »Aufforderungen« sind zu schwammig formuliert. Möglicherweise schwingt auch ein Vorwurf mit, was bei Ihrem Kind Widerstand weckt. Hier die erfolgversprechenderen Alternativen:

● »Ich möchte, dass du jetzt deine Schuhe wegräumst.«

● »Du hattest schon zwei Gläser Limo, bitte halte dich heute an Wasser und Tee.«

● »Der Pulli ist viel zu dünn für das Wetter, bitte suche dir einen wärmeren aus.«

Mit solchen klaren Ansagen fordern Sie keine Debatte heraus. Kinder sind oft erstaunlich kreativ. Auf die Frage »Wie wär's, wenn du mal dein Zimmer aufräumst?« fallen ihnen **hundert originelle Antworten** ein, wenn sie gerade keine Lust zum Aufräumen haben.

Ihr Kind wird Sie auch nicht ernstnehmen, wenn Sie jammern. Ein Satz wie »Muss ich wirklich immer alles allein machen?« lockt das Kind nicht zur Zusammenarbeit. (Nicht nur) Kinder hassen das, weil es versteckte Beschuldigungen enthält – Ihr Kind wünscht eine klare und freundliche Ansage.

**Beispiel:** Die Mutter des 7-jährigen Max ist ganz aufgeregt und nervös: »Ach, jetzt kommen bald die Gäste, und ich hab noch nicht mal die Teller auf den Tisch gestellt. Max, du hast doch gerade Zeit. Meinst du, du könntest vielleicht …« Der kompetente Max unterbricht seine Mama: »Sag doch gleich, dass ich dir helfen soll, und rede nicht so lange drum herum!«

> *Der Humor ist keine Gabe des Geistes,*
> *er ist eine Gabe des Herzens.*
>
> Ludwig Börne (1786–1837), dt. Journalist

## Bitte sachlich bleiben

Erwachsene reden gern »durch die Blume« oder sagen ironisch das Gegenteil von dem, was sie meinen. Was unter Erwachsenen diplomatisch oder witzig wirken kann, empfiehlt sich Kindern gegenüber nicht, da es sie noch überfordert.

● Statt verharmlosend »Das ist aber nicht sehr nett von dir« sagen Sie: »Das ist nicht in Ordnung.«

● Statt ironisch »Das kommt mir ja gerade recht« sagen Sie: »Dafür habe ich gerade leider keine Zeit.« Je älter Ihr Kind wird, umso besser kann es sprachliche Feinheiten verstehen. Dann können Sie zum Beispiel aus ironischen Sätzen kleine Alltagsrituale und Späße machen:

»Ich nehme mal an, du findest es heute viel zu heiß für ein Eis?« Liegt Ihnen eine schnippische oder ironische Antwort auf der Zunge, denken Sie daran: **Manchmal ist es besser, sich einen Satz zu verkneifen, der Ihnen später leidtun könnte.** Ebenso ist es, wenn Sie wütend oder resigniert sind. Zum Beispiel ist »Dann mach doch, was du willst!« ein spontaner Ausdruck der Enttäuschung, aber fast nie wirklich so gemeint. Besser wäre es, in solchen Situationen durchzuatmen, von den eigenen Gefühlen zu sprechen (siehe Seite 71) und einen gemeinsamen Ausweg zu suchen, etwa: »Ich weiß gerade auch keinen Rat. Ich möchte mich nicht ständig wiederholen. Was schlägst du vor?«

Zu einem sachlichen, respektvollen Umgang gehört auch, dass Sie Ihr Kind nicht sprachlich abwerten. Sind Sie mit seinem Verhalten nicht einverstanden, achten Sie unbedingt darauf, es nicht herunterzumachen mit Sätzen wie »Immer musst du alles kaputt machen, du bist ja so ungeschickt!« oder »Meine Güte, stell dich doch nicht so dumm an!«. Damit würden Sie lediglich bewirken, dass Ihr Kind sich in eine ungute Rolle gedrängt sieht, sodass es trotzig und verzweifelt an seinem unerwünschten Verhalten festhält. Ähnlich verhält es sich mit Drohungen wie »Wehe, ich erwisch dich dabei!« oder »Du wirst schon sehen, was du davon hast!«. So können Sie keine Einsicht und kaum eine Verhaltensänderung bewirken – außer aus Angst. Dann wird Ihr Kind womöglich heimlich seinen Dickkopf durchsetzen oder zu lügen beginnen.

## Übung: Der Münzentrick

Es hilft sehr, wenn Sie Ihre Aufmerksamkeit möglichst oft auf die guten Eigenschaften und jeden kleinen Erfolg Ihres Kindes richten. Ein spontanes Lob macht so viel Freude wie ein Überraschungsgeschenk. Es zeigt Ihrem Kind auch in anstrengenden Zeiten, dass Sie seinen »guten Kern« sehen und es so annehmen, wie es ist. Um sich bewusst zu machen, wie viel Lob Ihr Kind verdient, hilft ein kleiner Trick: Stecken Sie sich morgens 20 Eincentmünzen in die rechte Hosentasche. Jedes Mal, wenn Ihr Kind sich in Ihren Augen positiv verhält, wechselt eine Münze in die linke Hosentasche. Am Abend ziehen Sie Bilanz – und staunen vielleicht, wie froh Sie doch im Großen und Ganzen über das Verhalten Ihres Kindes sind.

# Ich-Botschaften senden

Formulieren Sie Ihre Botschaften immer so, dass Sie Ihrem Kind sein Verhalten widerspiegeln, aber es niemals in seiner Würde verletzen. Vermeiden Sie vor allem Generalisierungen wie »Immer bist du ...«, »Nie machst du ...«.

## Kein Herumkommandieren!

Auch Sätze, die mit »Du« anfangen, enthalten oft Befehle, Verdächtigungen, Kritik, Verletzungen, Beschimpfungen oder Demütigungen. Imperative wie »Du räumst jetzt sofort dein Zimmer auf« sind meist eine unnötige, wenig Erfolg versprechende Bevormundung des Kindes und erzeugen Trotz und Widerstand. Die Ampel leuchtet hier dunkelrot: Wer lässt sich schon gerne kommandieren?

## Aus Ihrer Sicht formulieren

Wenn Sie mit etwas nicht einverstanden sind, versuchen Sie es stattdessen aus Ihrer Perspektive zu formulieren: »Es stört mich, wenn du die Tür so laut zumachst. Jedes Mal erschrecke ich! Bitte versuch es noch mal leise.« Oder: »Ich mache mir Sorgen, wenn du so spät nach Hause kommst.«

Mit solchen Ich-Botschaften zeigen Sie Ihrem Kind, was Sie möchten und fühlen, ohne es abzuwerten und ihm Vorwürfe zu machen. Indem Sie von sich, Ihren Wünschen und Gefühlen sprechen, strahlen Sie Offenheit und Ehrlichkeit aus. **Ihr Kind lernt dabei auch, auf die Gefühle anderer Menschen Rücksicht zu nehmen.**

Doch Vorsicht: Setzen Sie Ihr Kind nicht mit Ihren eigenen Gefühlen unter Druck, zum Beispiel mit Aussagen wie »Wenn du das tust, ist die Mama ganz traurig«. Ich-Botschaften sollen keinesfalls manipulieren, sie sollen auch kein versteckter Vorwurf sein, sondern sie sollen Einsicht wecken. Jedoch können Sie durchaus in einem sachlichen Tonfall sagen: »Es macht mich traurig, wenn du das tust.«

## Widerstand einkalkulieren

Auch die freundlichste und klarste Formulierung ist keineswegs eine Garantie dafür, dass Ihr Kind Ihrer Aufforderung nachkommt. Es kann zum Beispiel sein, dass …

- es momentan etwas anderes im Sinn hat.
- es tatsächlich verhindert ist.
- es Ihre Bitte »in die falsche Kehle« bekommen hat.
- Sie beide zur Zeit »Knatsch« haben, sodass es auf alles mit Widerstand reagiert.

Geben Sie Ihrem Kind die Möglichkeit, Einwände zu formulieren. Auf diese Weise wird eine konstruktive Auseinandersetzung möglich, die Sie beide einer Lösung näher bringt. Im »akuten« Fall hilft: **Lassen Sie locker, schalten Sie kurz auf Grün, spiegeln Sie Ihrem Kind seine Gefühle und verbünden Sie sich mit dem Widerstand:**

- »Du findest mich pingelig, weil ich darauf bestehe, dass du mir deine Wäsche bringst.«

Dann schalten Sie auf Gelb und verhandeln über eine Lösung:

- »Was genau stört dich denn an meiner Bitte?«
- »Wann kannst du mir heute deine Wäsche bringen, wenn du nicht jetzt sofort dazu kommst?«
- »Gut, dann machen wir es anders. Mach mir einen Vorschlag!«

Ist der Vorschlag annehmbar, würdigen Sie die Kooperationsbereitschaft Ihres Kindes. Nur wenn der Widerstand anhält, kommt die rote Ampel ins Spiel:

- »Okay, dann lege ich jetzt fest: Bitte bring mir heute bis 17 Uhr deine Wäsche.«
- »Tut mir leid, dann bleibt es dabei: …«

Ebenso können Sie eine unangenehme Konsequenz ankündigen:

- »Ich wasche erst am Montag wieder. Dann kannst du diese Klamotten vorher eben nicht mehr anziehen.«

Lassen Sie sich nicht auf Endlosdiskussionen ein! Lenkt Ihr Kind ein, sagen Sie sachlich: »Danke!«

## Kühler Kopf in Stresssituationen

Achten Sie auf den geeigneten Zeitpunkt, um die Ampel auf Rot zu schalten. Wenn die Situation bereits eskaliert ist, verzichten Sie besser darauf und suchen in einem ruhigeren Moment das Gespräch. **Beispiel:** Toni, 5, hat alle Gläser gleichzeitig getragen. Als Papa hereinkommt und die Scherben sieht, will Toni trotzig wegrennen. Doch Papa sagt nur »Na, so ein Pech!«, drückt Toni das Kehrblech in die Hand, und sie kehren gemeinsam in Ruhe die Scherben auf. Danach besprechen sie, wie viele Gläser Toni in Zukunft auf einmal trägt. Hätte Papa schimpfend die Scherben allein zusammengefegt und gefordert: »Nächstes Mal nimmst du nicht so viele Gläser auf einmal!«, hätten die beiden keine konkrete Lösung gefunden. Doch so ist Toni erleichtert und motiviert, es nächstes Mal besser zu machen.

## Übung: Stress entschärfen

Dass es im Alltag mit Kind kleine Unglücke wie das umgeschüttete Glas Saft gibt, ist normal. Doch viele immer wiederkehrende Stresssituationen folgen einem Muster. Dieses zu erkennen und das Ganze mit etwas Abstand zu betrachten und darüber zu sprechen bringt Sie einer Lösung näher! Schreiben Sie gemeinsam mit Ihrem Partner auf:

* Was war heute, was war diese Woche stressig?
* Wie ist die stressige Situation entstanden?
* Wie oft kommt diese oder eine ähnliche Situation vor?
* Wer ist typischerweise in welcher Rolle daran beteiligt?
* Wie können wir der typischen Stresssituation begegnen, wie können wir ihr vorbeugen?

## Erklärungen können helfen

Meist verringert es für Kinder ebenso wie für Erwachsene den inneren Widerstand, einer Bitte oder Anweisung zu folgen, wenn klar ist, warum der andere etwas möchte. Ein kurzer, erklärender Satz, der den Zusammenhang erläutert, kann deshalb sehr hilfreich sein, auch um Missverständnisse zu vermeiden. Zudem zeigen Sie damit, dass Sie nicht willkürlich und grundlos um etwas bitten. Ihr Kind kann Ihr Anliegen besser verstehen und fühlt sich wertgeschätzt. Dann ist die Wahrscheinlichkeit groß, dass es kooperieren wird:

- »Ich bin in Zeitnot, weil wir gleich zu deiner Musikstunde aufbrechen müssen. Kannst du bitte dein Spiel jetzt unterbrechen und mir noch schnell beim Wäscheaufhängen helfen?«
- »Ja, ich hab dir Spaghetti bolognese versprochen. Aber meine Freundin kommt heute spontan zu Besuch. Sie isst kein Fleisch. Bitte hab noch Geduld bis morgen!«

Erklären heißt aber nicht, dass Sie sich für etwas rechtfertigen oder entschuldigen, das Sie für richtig halten. **Sobald Sie merken, dass Ihr Kind Sie unter »Erklärungsdruck« bringt,** weil es sich mit Ihrer Begründung nicht zufriedengeben will, sollten Sie stoppen. Etwa wenn Sie zu hören bekommen:

- »Warum denn gerade jetzt?«
- »Warum immer ich?«

Auf solche Nachfragen müssen Sie nicht unbedingt antworten, denn sie klingen nach Verzögerungstaktik, das Ganze könnte zur »Endlosschleife« werden und schließlich in einem Machtkampf ausarten. Sie können stattdessen Ihre Aufforderung wiederholen und konsequent bleiben – oder einmal »den Spieß umdrehen«:

- »Warum nicht?«
- »Was spricht dagegen?«
- »Was schlägst du vor?«

Nun hat Ihr Kind den Erklärungsbedarf, Sie behalten die Oberhand und fordern es zu einem konstruktiven Dialog auf.

## Tipp: Ankündigen

Kleine Kinder brauchen für alles länger: Ihre Beine sind noch nicht so lang, ihre Hände noch nicht so geschickt, und sie müssen sich auf viel Neues einstellen. Nehmen Sie Rücksicht darauf und kündigen Sie Aufgaben rechtzeitig an. »In zehn Minuten ist das Essen fertig. Bitte mach dein Spiel zu Ende und wasche dir dann die Hände.«

Vermeiden Sie es auch, Ihr Kind anzubetteln – einmal Bitten genügt! Was wirkt wohl besser:
- »Bitte, bitte, sei doch so lieb und hilf mir, das Kaninchen zu füttern!«
- »Bitte hilf mir beim Futtersammeln fürs Kaninchen, es hat heute noch nichts bekommen!«

## Kommt die Botschaft an?

Damit Sie sicher sein können, dass Ihre Botschaft Ihr Kind erreicht, sprechen Sie nicht zwischen Tür und Angel mit ihm. Stellen Sie vorher Kontakt mit ihm her: Sehen Sie ihm in die Augen und begeben Sie sich eventuell auf Augenhöhe. Wenn das nicht reicht, fassen Sie es sanft und ruhig an den Schultern oder nehmen Sie seine Hände.
Sie können die Aufmerksamkeit auch erhöhen, wenn Sie eine direkte Ansprache vorwegschicken:
- »Sarah, ich möchte dir etwas Wichtiges sagen.«
- »Peter, ich habe eine große Bitte an dich.«

Durch Rückfragen können Sie sich vergewissern, ob die Botschaft bei Ihrem Kind angekommen ist:
- »Ist das jetzt so in Ordnung?«
- Hast du verstanden, was ich damit meine?«

Sind Sie unsicher, ob es zugehört und Sie verstanden hat, können Sie es auffordern: »Wiederhole bitte noch mal, was ich gesagt habe.«

### Aktiv zuhören

Nicht nur Kinder sollten ihren Eltern zuhören, auch umgekehrt ist einfühlsames, aktives Zuhören als Schlüsselqualifikation gefragt, wenn Sie einen wertschätzenden und respektvollen Umgang mit Ihrem Kind pflegen wollen. Wenn es Ihnen gelingt, Ihrem Kind zuzuhören, kann es dadurch seine Erlebnisse verarbeiten. Zudem geben Sie ihm das Gefühl, dass Sie es für kompetent halten und es ernstnehmen. **All das ist wichtig für sein inneres Gleichgewicht und seine Kooperationsbereitschaft!** Viele Konflikte sind dann rasch zu lösen oder treten erst gar nicht auf, weil Ihr Kind beim vertrauten Reden mit Ihnen durchatmen und über sich selbst nachdenken kann. Dabei entwickelt es Vernunft und Einsicht. Außerdem stärken geduldiges Zuhören die Vertrauensbasis zwischen Ihnen und Ihrem Kind und machen somit das Familienleben schöner und einfacher.

Redet Ihr Kind mit Ihnen, widmen Sie ihm Ihre volle Aufmerksamkeit. Halten Sie Blickkontakt, wenn es das möchte. Hat es allerdings etwas auf dem Herzen, das schwieriger anzusprechen ist, und druckst es unsicher herum, hilft oft eine eher beiläufige Herangehensweise: Bieten Sie Ihrem Kind eine lockere Atmosphäre an: etwa wenn Sie nebeneinander im Auto sitzen,

## Wichtig: Nicht drängen

Aktives Zuhören hat nichts damit zu tun, dass Sie Ihr Kind zu »verhören« versuchen. Drängen Sie es bitte nicht zum Reden – wenn es (momentan) nicht sprechen will, sollten Sie das respektieren und erst einmal abwarten – oder die Situation beenden und es um ein Gespräch zu einem späteren Zeitpunkt bitten.

> *Kinder sind keine Fässer, die gefüllt,*
> *sondern Feuer, die entzündet werden wollen!*
>
> François Rabelais (ca. 1494–1553), frz. Schriftsteller

beim gemeinsamen Geschirrspülen oder bei der Gartenarbeit. Signalisieren Sie Ihrem Kind, zum Beispiel durch ein Lächeln, ein kurzes »Ach so ist das!« oder ein Kopfnicken, dass Sie ihm zuhören. Damit regen Sie es an weiterzusprechen. Halten Sie sich mit eigenen Ausführungen und Ihrer eigenen Sicht auf die Dinge so weit und so lange wie möglich zurück. Unterbrechen Sie Ihr Kind nicht in seinem Redefluss, sondern spiegeln Sie ihm nur kurz seine Gefühle wider: »Da warst du aber wütend …« Dadurch fühlt es sich erleichtert und verstanden. Außerdem wird es sich seiner Gefühle bewusst und lernt sie verbal auszudrücken, anstatt von ihnen beherrscht zu werden.

## Nachfragen und das Gesagte widerspiegeln

Fragen Sie auch immer mal wieder interessiert nach, etwa mit einem »Und wie war das für dich?« oder einem »Aha, und dann?«. **Wenn Sie das Gesagte noch einmal kurz zusammenfassen und Ihrem Kind in Ihren Worten widerspiegeln,** wissen Sie beide, ob Sie es richtig verstanden haben, zum Beispiel: »Du hast also beschlossen, dass du erst einmal nicht mehr da hingehen möchtest« oder »Du wünschst dir also, dass ich dir wieder mehr beim Hausaufgabenmachen helfe«. Warten Sie immer ab, bis Ihr Kind ausgeredet hat. Lassen Sie es weiterreden, bis Sie seinen »Seufzer der Erleichterung« spüren.

# Konsequenzen bei Regelübertretung

Werden Regeln nicht beachtet und Grenzen überschritten, muss das Folgen haben. Sonst hält sich bald niemand mehr an die Regeln, und es wird schwierig, sinnvolle und notwendige Grenzen zu setzen.

## Nach Plan vorgehen

Nicht immer müssen Sie die möglichen Konsequenzen schon bei den Vereinbarungen und dem Aufstellen der Regeln auf den Tisch legen. Im Gegenteil, denn damit würden Sie Ihrem Kind ja signalisieren: »Wahrscheinlich wirst du die Regel sowieso nicht einhalten.« **Vielmehr genügt es oftmals, die mögliche Folge erst dann anzukündigen, wenn Ihr Kind eine Regel zum ersten Mal übertritt.** Wiederholen Sie in diesem Fall noch einmal die Regel oder Anweisung. Hält sich Ihr Kind auch danach nicht daran, lassen Sie die Konsequenz folgen.

## Tipp: Erst einmal nachfragen

Bleiben Sie fair: Fragen Sie Ihr Kind zunächst immer, was der Grund für die Regelverletzung ist. Kommt es beispielsweise zu spät nach Hause, weil der Bus Verspätung hatte, so ist das nicht seine Schuld. In solch einem Fall können und sollten Sie auf die Konsequenz verzichten – aber, falls sinnvoll, eine neue Regel aufstellen: »Wenn der Bus das nächste Mal Verspätung hat, rufst du mich vom Handy aus an. Dann weiß ich, dass ich mir keine Sorgen machen muss.« Sollten Sie vermuten, dass Ihr Kind den verspäteten Bus nur als Ausrede benutzt, müssen Sie zuerst herausfinden, ob Ihre Annahme stimmt oder nicht.

# Konsequent sein, aber fair bleiben

Hat Ihr Kind sich einmal nicht an eine Vereinbarung gehalten, müssen Sie nicht groß mit ihm schimpfen oder ihm Vorhaltungen machen. Verweisen Sie nur ernst auf die Konsequenzen – die Sie dann jedoch auch tatsächlich umsetzen müssen. Wenn Sie wirklich möchten, dass sich Ihr Kind (auch in Zukunft noch) an Regeln hält, müssen Sie hierbei konsequent und standhaft bleiben und dürfen nicht nachgeben.

## Die Einhaltung überprüfen

Damit Konsequenzen sinnvoll sind, müssen Sie auch deren Einhaltung kontrollieren. Bleiben Sie also in der Nähe, um zu sehen, ob sich Ihr Kind daran hält – und lassen Sie sich auf keinerlei Debatten ein. **Beispiel:** Die 12-jährige Lisa hat mir ihren Eltern vereinbart, dass sie in Zukunft zuerst die Hausaufgaben erledigt, bevor sie mit ihren Freundinnen im Internet chattet. Als die Mutter Lisa eines Tages direkt nach dem Mittagessen beim Chatten antrifft, fragt sie: »Was ist denn so wichtig, dass du unsere Vereinbarung umgehst?« Lisa sagt patzig und gleichzeitig schuldbewusst: »Mama, das war wirklich das erste Mal, und ich musste Maria nur ganz kurz antworten!« Doch die Mutter lässt sich nicht erweichen: »Wir hatten vereinbart, dass du erst nach den Hausaufgaben chattest, und du hast dich nicht daran gehalten. Wenn es so wichtig war, dass es einfach sein musste, hättest du mich vorher fragen müssen. Ab jetzt gilt: Wenn du das noch einmal machst, gibt es zwei Tage Internetverbot. Und für heute ist auch Schluss damit.« Lisa heult auf: »Das ist aber gemein von dir! Du kannst mir nicht den Kontakt zu meinen Freundinnen verbieten!« Darauf geht die Mutter aber gar nicht ein. Lisa muss nun den Computer zuklappen und an die Arbeit gehen.

## »Bitte recht freundlich!«

Die eigentliche Kunst konsequenter Eltern besteht oft darin, bei aller Standhaftigkeit ruhig und freundlich zu bleiben und sich nicht aufzuregen, nicht nachzugeben und – obwohl man genervt ist und seine Ruhe haben möchte – nicht zu resignieren. Vor allem, wenn Kinder derartig konsequentes Verhalten nicht gewöhnt sind oder gerade eine »Trotzphase« durchmachen, kann dieser Punkt zur

## Tipp: Fairness

Sie können ein Verhalten Ihres Kindes ablehnen, aber niemals Ihr Kind als Person! Drohen Sie nicht mit Liebesentzug, denn elterliche Liebe und Fürsorge darf nicht vom gefälligen Verhalten des Kindes abhängen. Brüllen Sie nicht, demütigen und beschimpfen Sie Ihr Kind nicht und vermeiden Sie jede Form körperlicher Gewalt.

Herausforderung für Eltern werden, da sie über die Heftigkeit des Widerstands erstaunt sind.

**Nehmen Sie Angriffe nicht persönlich.** Meist sind sie ein verzweifelter Versuch Ihres Kindes, die Folgen seines regelwidrigen Handelns doch noch abzuwenden. Haben Sie dann tatsächlich durchgehalten und hat Ihr Kind die Konsequenzen für sein Tun akzeptiert, sollten Sie nicht viel Aufhebens darum machen. Sie dürfen sich zwar innerlich für Ihr Durchhaltevermögen loben, Ihrem Kind sollten Sie aber nur mit einem kurzem »Danke« oder »Schön!« Anerkennung zollen. Schließlich haben Sie ja selbstverständlich erwartet, dass es sich an die Absprachen hält. Wurde eine Regel wie »Chatten erst nach den Hausaufgaben« (siehe Seite 79) erneut gebrochen und Ihr »ertapptes« Kind gibt Ihnen von sich aus seinen Laptop, kommentieren Sie mit einem kurzen »Danke. Du kannst ihn Donnerstagabend wieder holen!«.

# Nachvollziehbare Konsequenzen

Kündigen Sie nur Konsequenzen an, die Sie auch einhalten können und wollen. Ist Ihr Kind so vergesslich, dass es sogar seine Jacke irgendwo liegen lässt, ergibt es keinen Sinn, ihm anzukündigen, dass Sie ihm keine mehr kaufen. Schließlich wollen Sie ja nicht, dass es ohne Jacke herumläuft.

## Wichtig: der logische Zusammenhang

Die Konsequenzen, die Sie auf Regelübertretungen folgen lassen, sollten in Zusammenhang mit der Übertretung stehen. Außerdem sollen sie verhältnismäßig und nachvollziehbar sein und auch zeitnah umgesetzt werden können. Schließlich geht es ja darum, das Fehlverhalten des Kindes konsequent zu korrigieren.

Kommt ein Kind beispielsweise nachmittags 20 Minuten zu spät nach Hause, könnte eine logische Konsequenz sein, dass es sein Kuchenstück vom Nachmittagskaffee erst am nächsten Tag bekommt. Oder dass es sofort seine Hausaufgaben machen muss und nicht mehr wie gewohnt noch eine Viertelstunde am Computer spielen darf. Oder hat es heimlich am Computer gespielt, dann darf es morgen oder diese Woche keine Computerspiele mehr machen. Hat der Lehrer eine Mitteilung geschickt, dass Ihr Kind die Hausaufgaben schon dreimal nicht gemacht hat, könnte die Konsequenz darin bestehen, dass es erst spielen darf, wenn es sein Lernpensum erledigt hat.

Beim Übertreten einer Regel können Sie je nach Situation **auch gemeinsam mit Ihrem Kind über die mögliche Konsequenz nachdenken.** Oft machen Kinder dabei sehr konstruktive und logische Vorschläge. Erwarten Sie aber bitte nicht, dass sich Ihr Kind dann auch dafür bedankt, wenn Sie die Konsequenz tatsächlich umsetzen!

> *Es sind gerade die Inkonsequenzen des Lebens, welche die größten Konsequenzen haben.*
>
> André Gide (1869–1951), frz. Schriftsteller und Nobelpreisträger

## Positiv formulieren

Dass seine Regelübertretungen Folgen haben, ist für Ihr Kind zwar unangenehm, aber einsehbar. Stehen die Konsequenzen in Zusammenhang mit der Übertretung und sind sie angemessen, empfindet es sie als gerecht und akzeptiert sie zumindest innerlich. Dagegen erleben Kinder Strafen oder verbale persönliche Verletzungen als ungerecht und willkürlich, etwa Taschengeldentzug, Telefonverbot oder Hausarrest bei schlechten Noten. Diese stehen oft in keinem Zusammenhang mit dem »Vergehen«, provozieren Widerstand und negative Gefühle den Eltern gegenüber. Auch Drohungen wie »Wenn du wieder zu spät nach Hause kommst, ist Schluss mit deinen Freiheiten« haben keinen positiven erzieherischen Effekt, sie belasten nur das Beziehungsklima zwischen Eltern und Kind.

Wenn Sie **Konsequenzen** dagegen **positiv formulieren,** können Sie diese Gefahr vermeiden: »Wenn du pünktlich zur vereinbarten Zeit zu Hause bist, darfst du wieder so lange weggehen.« Auch kleinere Kinder verstehen diese Botschaften schon: »Wenn du nach dem Zähneputzen gleich deinen Schlafanzug anziehst, ist noch Zeit für eine Gutenachtgeschichte.« Das wird Ihr Kind sicher viel stärker motivieren als eine Androhung wie diese: »Wenn du trödelst, gibt es keine Geschichte mehr.«

## Mit und ohne Wahlfreiheit

Selbst wenn sich Ihr Kind sträubt, müssen Sie ihm nicht drohen oder es bestrafen. **Präsentieren Sie das Ultimatum als Wahlmöglichkeit:** »Du hast die Wahl, im Bad schnell zu machen und eine Geschichte zu hören, oder zu trödeln und keine Geschichte mehr zu hören.« Größere Kinder durchschauen das Manöver: »Da bleibt mir ja gar nichts anderes übrig, wenn ich die Geschichte hören will!« Antwort: »Ja, wenn du das so siehst!« Manches steht allerdings nicht zur Debatte, vor allem wenn es um die Gesundheit geht. Ihr Kind hat nicht die Wahl, das Zähneputzen sein zu lassen. Es hat nicht die Wahl, auf den frisch zugefrorenen See zu laufen. Hier ist Ihre Autorität und Verantwortung gefragt. Doch auch hier muss es **keine Drohungen und Strafen** geben: Meist genügt freundlich-bestimmtes Handeln. **Beispiel:** Der 3-jährige Luis sträubt sich dagegen, dass Mama ihm die Zähne putzt. Die Mutter stellt ihn vor die Wahl: »Du kannst mitmachen oder dich wehren. Dann kann das Putzen aber unangenehm sein. Entscheide dich!« Nach einer kurzen Pause fragt sie freundlich nach: »Bist du bereit?« Dann putzt sie dem Kleinen sanft die Zähne: »Gleich sind wir fertig!«

## Übung: »Umpolen«

»Übersetzen« Sie für sich folgende Sätze von der negativen in eine positive Formulierung. Ihr Partner darf gern mitmachen.

* »Wenn du die Mütze nicht aufsetzt, darfst du nicht raus!«
* »Wenn du trödelst, musst du eben zu Hause bleiben!«
* »Wenn du beim Abholen jedes Mal Theater machst, darfst du eben nicht mehr zu deinem Freund gehen!«

# Konflikte erfolgreich managen

Das Leben mit Kindern hält viele Überraschungen bereit. Kein Tag ist wie der andere, nichts bleibt, wie es ist. Unsere Kinder werden **größer und selbstständiger,** das fordert auch uns Eltern heraus: Regeln müssen verändert und Grenzen angepasst werden. Möglicherweise will Ihr Kind nicht mehr tun, was bisher selbstverständlich war, oder es fordert **neue Freiheiten.** Je besser Sie auf diese Herausforderungen vorbereitet sind, je mehr Werkzeuge Sie kennen, um Konflikte zu lösen und Machtkämpfe zu verhindern, umso konstruktiver können Sie es angehen.

So individuell der Familienalltag auch ist, so gibt es doch **typische Stolperfallen** und Konfliktsituationen, die fast alle Eltern kennenlernen. Anhand von Beispielen aus allen Altersgruppen werden in diesem Kapitel solche Alltagssituationen dargestellt und mögliche Lösungen gezeigt.

# Im Kleinkindalter

Die Ampel springt in den ersten drei Lebensjahren Ihres Kindes praktisch ausschließlich zwischen Grün und Rot hin und her (siehe auch ab Seite 53). Die gelbe Schaltung der Mitsprache wird kaum gebraucht, auch wenn Sie sie ab dem dritten Lebensjahr hin und wieder dazunehmen können.

Bis zum Alter von 15 Monaten geht es vor allem um die Befriedigung seiner Bedürfnisse, die Ihr Baby auf unterschiedliche Weise artikuliert. Das verlangt Ihnen vor allem Einfühlungsvermögen ab, und Sie müssen Gefahren, die bei den ersten Krabbel- und Gehversuchen lauern, aus dem Weg räumen. Wenn nötig, müssen Sie die Ampel mit einem deutlichen Nein auf Rot stellen. **Die mit Liebe gesteckten Grenzen geben Ihrem Kind ganz viel Sicherheit und Halt.** Damit schützen sie auch den Freiraum für die kindliche Unbekümmertheit und gute Entfaltung.

## Die Trotzphase

Mit dem Einsetzen der sogenannten Trotzphase, heute bevorzugt Autonomiephase genannt, also ab etwa 15 Monaten, versucht Ihr Kind dann zunehmend, seinen Willen zu behaupten. Dafür geht es auch immer häufiger in Opposition zu Ihnen. Oft widersetzt es sich sogar ohne offensichtlichen Grund, einfach um des »Ich will aber nicht!«, um des Austestens willen.

Dieser notwendige Entwicklungsschritt der Trotzphase verlangt Ihnen als Eltern sehr viel Fingerspitzengefühl, Verständnis, Geduld und gute Nerven ab. Bei einem liebevollen und respektvollen Umgang lernt Ihr Kind jedoch ganz selbstverständlich, sich wieder Ihrem Schutz und Ihrer Führung anzuvertrauen. Es fühlt sich dabei keineswegs unterdrückt, solange es gleichzeitig erfährt, dass seine Wünsche und Bedürfnisse sowie seine Autonomiebestrebungen ernstgenommen werden.

**Beispiel:** Klein Lotte, vierzehn Monate alt, ist von einem ganz bestimmten Blumenstock fasziniert. Immer wieder geht sie hin, wühlt mit den Fingern in der Erde herum und zupft an den Blättern. Die Mutter versucht ein ums andere Mal, Lotte davon abzuhalten. Weil diese aber nicht von ihren Forschungen abzubringen ist, droht die Mutter halb ernst, halb lächelnd: »Du, du!«, worauf Lotte sie schelmisch imitiert: »Du, du!« Die Mutter muss lächeln, sie kann mit ihrem Töchterlein nicht streng sein – und so geht Lotte immer wieder zum Blumenstock.

Die zweideutige Botschaft der Mutter verwirrt Lotte über alle Maßen: Diese spricht halbherzig ein Verbot aus, durch ihr Lächeln aber deutet es Lotte als: »Ist ja gar nicht ernst gemeint!« Also macht sie das Spiel weiter – vielleicht so lange, bis der Mutter schließlich doch der Geduldsfaden reißt und sie ihre Tochter anbrüllt oder genervt von der Pflanze wegzerrt.

## Klare Botschaften

»Nein, die Blume mag das nicht, sie geht dabei kaputt!«, könnte Lottes Mutter freundlich, aber bestimmt sagen. Wenn das nicht wirkt, muss die Mutter Lotte sanft, aber bestimmt wegtragen, bei Bedarf auch wiederholt.

Damit es Lotte leichter fällt, ein Verbot zu akzeptieren, ist es hilfreich, **die Situation aus ihrer Perspektive in einfachen Worten auf den Punkt zu bringen,** sodass Lotte innerlich zustimmen kann und sich verstanden fühlt: »Kleine Leute haben es schwer: Immer wieder heißt es ›Nein‹!« Oder: »Die Blume gefällt dir so sehr. Darum willst du sie immer anfassen.« Dann heißt es Klartext reden in Form einer Ich-Botschaft: »Ich mag nicht, dass du Schmutz machst und die schönen Blätter beschädigst!« Damit Lottes Spiel- und Entdeckertrieb gestillt wird, darf sie gelegentlich helfen, die Blume zu pflegen: die Gießkanne halten oder die Blume mit Wasser besprühen.

## Schlagen, zwicken, beißen, hauen

Wenn ihre Kinder in die erste »Trotzphase« kommen, sind viele Eltern von dem plötzlich so veränderten Verhalten der Kleinen vor allem überrascht und zeigen sich erst einmal ratlos.

**Beispiel:** Der anderthalbjährige Leon ist als Nachzügler der Liebling aller. Jeder Wunsch wird ihm von den Augen abgelesen. Wenn ihm einmal etwas verboten wird, kann er ganz schön wütend werden. Er schlägt, zwickt und beißt, wie es ihm gerade einfällt. Manchmal tut er es aus bloßem Übermut. Dann setzt er seinen neckischen Blick auf und haut zum Beispiel auf die Mama ein. Irgendwie kann man ihm gar nicht böse sein. Nach einer Auszeit erklärt ihm die Mutter: »So gehen wir nicht miteinander um!« Doch gut zureden nützt nur vorübergehend. Ein anderes Mal sagt sie vorwurfsvoll: »Leon, du beißt!«, doch er tut es erst recht!

Die erste Reaktion von Eltern ist oft, dem Kind sein Fehlverhalten zu erklären und an seine Vernunft zu appellieren. Doch das hat selten Erfolg, da Kinder in diesem Alter vor allem ihren Impulsen folgen. Stattdessen kann es helfen, zuerst das Geschehen auf den Punkt zu bringen, indem die Eltern ohne Vorwurf beschreiben, was sie gerade sehen, vor allem welche Gefühle ihres Kindes sie wahrnehmen. Das kann etwa so klingen: »Ich sage dir, dass du nicht beißen sollst, und du tust es erst recht!« oder **»Manchmal bist du so übermütig, dass es dir einfach Spaß macht, irgendwo hinzuschlagen«.** Das Kind wird innerlich nicken, vielleicht auch bekräftigen oder, wenn es dazu bereits in der Lage ist, etwas sagen. Erst jetzt, wenn das Kind sich verstanden fühlt und sich selbst verstehen lernt, fallen »vernünftige« Worte mit freundlichem Ernst auf fruchtbaren Boden. So können Sie als Eltern Ihr Kind dabei unterstützen, seine Unarten zu überwinden.

## Unbändige Wut

Es kommt aber auch vor, dass die Wut so stark ist, dass Ihr Kind keine Kontrolle mehr darüber hat und in seiner Not gar nicht anders kann, als sie durch aggressives Verhalten und Schreien auszudrücken. Auch wenn es auf Sie wie ein wenig liebenswertes kleines »Wutbündel« wirkt, kann es unter diesem Zustand doch sehr leiden.

Wenn Ihr Kind die Regel »Hier wird nicht geschlagen!« ignoriert, dürfen Sie selbst auf keinen Fall aggressiv reagieren. Auch hier müssen Sie sich zuerst darum bemühen, Ihr Kind emotional zu erreichen, indem Sie die Situation aus seiner Perspektive beschreiben und dabei seine Gefühle ansprechen, etwa so: »Du bist wirklich sehr wütend, weil du … «

Wenn Ihr Kind sich verstanden fühlt, kann es innerlich aufatmen und der hinter seinem aggressiven Verhalten liegenden Wut und dem angestauten Frust Luft machen. Das beruhigt und tut gut.

Ältere Kinder können nun ihrem Zorn durch Worte Ausdruck geben. Damit ist schon viel gewonnen, denn **dann haben sie mehr Ausdrucksmöglichkeiten für ihre Wut als Schreien und Hauen.** Lassen Sie Ihr Kind sich den Zorn von der Seele reden. Danach können Sie auf seine Äußerungen eingehen, und es ist wieder offen für Ihre Versuche, es zum Einlenken zu bewegen.

## Rotes Licht!

Es kann aber sein, dass Sie auch mit Worten nicht an Ihr Kind herankommen, dass es weiter trotzt und schlägt, weil seine Wut einfach zu stark ist. Dann ist ein klares »Stopp«, eine rote Ampel erforderlich. Ihr Kind braucht Halt, es muss die liebevolle Stärke seiner Eltern spüren. Das kann durch einen festen Blick und das strenge Wort »Stopp« oder »Aus!« geschehen. Schreit Ihr Kind, kann es auch helfen, wenn Sie ihm tief in die Augen sehen, sich den Finger auf den Mund legen und ruhig »Pssst!«

sagen. Das reicht oft schon, um solche Szenen wieder zu beenden.

### Oft hilfreich: Körperkontakt und Nähe

Wenn Ihr Kind trotz allem weiter tobt und schlägt, halten Sie es – so, dass es weder Sie noch sich selbst verletzen kann, falls nötig mithilfe einer leichten Decke, die Sie um Ihr Kind wickeln. Unterstreichen Sie den Halt mit Worten: »Ich lasse nicht zu, dass du mich zwickst und schlägst! Dazu habe ich dich viel zu lieb!« Wenn es protestiert, sagen Sie: »Ich halte dich, bis du wieder ruhig bist.« »Du bist mein lieber, kleiner Carl.« Solche Worte können Sie langsam und meditativ wiederholen, oder Sie schweigen einfach.

Beim Festhalten wird sich Ihr Kind wahrscheinlich anfangs wehren und noch lauter toben, so lange, bis es spürt, dass das nichts nützt – und dass Ihre Wärme und Nähe auch gut tut. Dann wird es zu schluchzen beginnen. Lassen Sie das Halten in ein Streicheln und Wiegen übergehen, bis Ihr Kind sich ausgeweint und beruhigt hat. Ist so eine Szene einmal durchgestanden, sind Kinder meist sehr erleichtert und friedlich. **Tragen Sie Ihrem Kind nichts nach und zerreden Sie das Erlebte nicht.** Ihrem älteren Kind können Sie in einer ruhigen Minute Gelegenheit geben, darüber zu reden und gemeinsam zu reflektieren, wie man es beim nächsten Mal besser machen kann.

### Tipp: Szenenwechsel

Ein Szenenwechsel ist nach dem überstandenen Wutausbruch wohltuend, er hilft allen Beteiligten, sich wieder einzupendeln und zu beruhigen: »Komm, wir gehen eine Runde durch den Park spazieren« oder »Was möchtest du jetzt gerne spielen?«.

# Streik!

Machtkämpfe mit Kleinkindern sind für beide Seiten eine Herausforderung: Das Kind will seinen Willen durchzusetzen, die Eltern wollen Grenzen setzen und eine friedliche Lösung finden.

**Beispiel:** Die zweieinhalbjährige Isabella wird beim Sonntagsausflug schon eine ganze Weile von Mama getragen. Diese sagt nun erschöpft: »Isa, du wirst mir langsam wirklich zu schwer. Du kannst jetzt selbst gehen oder auf deinem Dreirad fahren!« Isabella aber beharrt, den Tränen nahe: »Nein, Mama tragen!« Die Mutter antwortet »Ich kann aber nicht mehr!« und stellt die Kleine auf den Boden. Isabella bleibt einfach stehen, mitten im Weg. Auf Mamas »Komm schon!« reagiert sie gar nicht. Als die Mutter ein paar Schritte weitergeht, fängt Isabella an zu brüllen. Die Leute schauen schon. Die Mutter ist jetzt in der Zwickmühle: Nachgeben oder Skandal?

## Verständnisvoll und konsequent

Was tun? Würde die Mutter versuchen, Isabella ihre Gefühle auszureden, würde sich der Trotz nur verstärken. Auch hat Isabella natürlich schon herausgefunden, dass die Mutter sie nicht ernsthaft allein zurücklassen würde.

Hier hilft wieder einmal Verständnis: »Ich verstehe, dass du getragen werden möchtest. Aber du kannst bestimmt auch verstehen, dass Mama jetzt müde ist und dich nicht mehr tragen kann!« Die Worte werden unterstrichen von einem tiefen Blick in die Augen.

**Des Weiteren hilft wahrscheinlich ein kleiner Ansporn:** »Ich weiß doch, dass du das schaffst!« oder »Weißt du, ich traue es dir zu!«. Solche Sätze reichen meist völlig aus, sofern die Kinder tatsächlich schon in der Lage sind, die gewünschte Herausforderung zu vollbringen. Sie als Eltern kennen Ihr Kind am allerbesten. Sie wissen und spüren, was Sie ihm zumuten und zutrauen können.

**Der Machtkampf geht vorüber**

Sie können Ihrem Kind, wenn es nicht mehr laufen will, auch einen Kompromiss anbieten: »Marschier bis zur Brücke. Dann kann ich dich wieder hochnehmen, wenn du es brauchst.« Auch Motivieren kann helfen: »Willst du da wirklich stehen bleiben? Die anderen sind schon am Spielplatz!«

Wenn das alles nichts nützt, bleiben auch Sie stehen: »Ich warte, bis du dich entschieden hast: selbst gehen oder Dreirad fahren!« Dann heißt es locker bleiben und abwarten, bis es dem Kind zu dumm wird und der Machtkampf durchgestanden ist. **Nehmen Sie es schweigend und versöhnlich bei der Hand.**

Lassen Sie unterschwellige Vorwürfe oder Triumphieren (»Geht doch!« oder »Na also, warum denn nicht gleich so!«).

Wenn Ihr Kind merkt, dass es mit seinen kleinen Erpressungsversuchen nichts erreicht, wird es das immer seltener probieren und lieber mit Ihnen kooperieren.

## Wie weit kann ich gehen?

Kleine Kinder loten ihre Grenzen aus: »Mal sehen, was ich alles bewerkstelligen kann, bis es Mama und Papa reicht!« Dabei provozieren sie auch gern ein bisschen.

**Beispiel:** Der 3-jährige Fabian liebt es, mit seinen Buntstiften die Wände in der Wohnung zu bemalen. Vom Zeichenblock geht er nahtlos auf die einladende weiße Fläche über. Die Eltern haben es ihm schon mehrmals verboten, aber das kümmert ihn nicht. Irgendwann droht der Vater: »Einmal noch, dann sind die Stifte weg!« Fabian lacht ihn an, malt schnell noch einen Strich und läuft davon.

In dieser typischen Situation könnte der Vater Fabian zunächst mit Verständnis begegnen, indem er das Gute am Schlechten würdigt: »Ich freue mich, dass du so gern malst. Aber das ist nicht der richtige Ort!« Genügt das nicht, muss der Vater handeln und die Stifte wegnehmen oder Fabian an einen geeigneten Ort tragen, wo er auf seinem Block weitermalen kann – am besten in Papas Nähe, denn nichts anderes ist es, was Fabian mit seinem Verhalten sucht.

Um klar und deutlich Grenzen zu setzen, helfen wieder zunächst Nähe und Blickkontakt und ein kurzes »ernstes Wort«. **Den Worten müssen Taten folgen:** entschieden, aber ruhig, damit sich das Kind trotzdem respektiert fühlt.

### Entwicklungsbedürfnisse stillen

Fabians Lust am Malen entspricht einem natürlichen Entwicklungsbedürfnis. Seine Kreativität braucht Ausdrucksmöglichkeiten, und er braucht das Gefühl, dass er ernstgenommen wird. Dann wird er auch kooperieren. Den festen Rahmen geben die Eltern vor:

● Wann und wo sind Zeichnen und Malen erlaubt?

● Die Stifte werden von den Eltern verwahrt. Wer zeichnen will, muss sie fragen.

● Wir tapezieren eine Wand im Kinderzimmer mit Packpapier oder schaffen uns eine große Tafel zum Malen an. Der Rest der Wohnung ist dafür tabu.

## Tipp: Strategien im Kleinkindalter

* klare Botschaften senden und Klartext reden
* wenn nötig, die Ampel konsequent auf Rot schalten
* Gefühle widerspiegeln
* Körperkontakt und Nähe geben
* kleine Erpressungen möglichst ignorieren
* stressige Situationen gemeinsam nachbesprechen
* Entwicklungsbedürfnisse respektieren
* Alternativen für das unerwünschte Verhalten anbieten
* gemeinsam hilfreiche Kompromisse finden

# Im Kindergartenalter

Noch immer steht die Ampel am häufigsten auf Grün oder auf Rot, wenn Ihr Kind gegen Ende des dritten Lebensjahres ins Kindergartenalter kommt. Doch steht jetzt bereits auch immer mehr Zeit im Zeichen der gelben Ampel. Gelb bedeutet Mitsprache und eigenständiges Denken!

Ihr Kindergartenkind muss lernen, sich durchzusetzen. **Das tut es jetzt immer mehr mithilfe seiner sprachlichen Ausdrucksfähigkeit.** Werten Sie deshalb Einsprüche und Veränderungsvorschläge Ihres Kindes als Zeichen seiner Weiterentwicklung und nehmen Sie sie ernst. Dabei lernt Ihr Kind auch, in welchem Ton und mit welchen Argumenten es Erfolg haben kann. So steigt seine Kooperationsbereitschaft, insbesondere wenn Sie ihm etwas zutrauen und es möglichst oft Ihre Anerkennung erfährt.

Die Grenzen, die Sie Ihrem Kind setzen müssen, beginnen sich nun langsam zu erweitern, die Freiräume werden allmählich größer. Es braucht deshalb ausreichend geschützten Raum zum Experimentieren. Doch mit allzu viel Freiheit ist es noch überfordert.

## Das Anziehtheater

Viele Alltagssituationen mit Kindern im Kindergartenalter sind irgendwo zwischen Spiel und Machtkampf angesiedelt. Eltern müssen entscheiden, wie weit sie jeweils »mitspielen« wollen und wo sie eine Grenze setzen müssen.

**Beispiel:** Jeden Morgen gibt es Ärger. Will die Mutter die 4-jährige Sonja anziehen, macht die sich stocksteif und läuft schließlich auf und davon. Die Mutter läuft jedes Mal hinterher und fordert Sonja auf, sich endlich anzuziehen. Erst wenn die Mutter droht, sie dann eben im Schlafanzug im Kindergarten abzugeben, fängt Sonja bitterlich an zu weinen und lässt sich endlich anziehen.

> *Will man Schweres bewältigen, muss man es leicht angehen.* Bertolt Brecht (1898–1956), dt. Schriftsteller

Sonja ist noch nicht in der Lage, aus Einsicht zu handeln und einzulenken. Außerdem testet sie ihre Macht und die Grenzen der Mutter. Schließlich hat sie auch Spaß beim Fangenspielen. Offensichtlich ist sie mit der ihr zugestandenen Freiheit noch überfordert.

## Trendwende einleiten

In einer ruhigen Minute könnte die Mutter sagen: »Sonja, wir haben ein Problem: Wenn ich dich anziehen will, sträubst du dich, bis keine Zeit mehr bleibt, und dann weinst du. Ab jetzt bestimme ich, wann du dich anziehst. Protestieren nützt nichts. Ich weiß, du kannst ein braves Mädchen sein. Wenn du mithilfst, sind wir ganz schnell fertig. Morgen probieren wir es gleich aus!« Sonja spürt in diesen Worten das Wohlwollen, die Sicherheit und Entschlossenheit der Mutter.

## Mit Entschlossenheit umsetzen

Am nächsten Morgen wird Sonja vor vollendete Tatsachen gestellt: »Sonja, ich hab deine Kleider vorbereitet. Es ist Zeit zum Anziehen!« Als Sonja wieder davonläuft, schnappt Mama sie und wiederholt entschlossen: »Es ist Zeit zum Anziehen, jetzt! Wenn du mithilfst, geht's ganz flott. Bist du bereit?« Mama schaut Sonja tief in die Augen, und diese gibt zögernd nach. Beim Anziehen erzählt Mama ihr eine kleine, lustige Geschichte. Anschließend schwärmt sie: »Was hab ich doch für ein braves Kind! Und jetzt gibt's Frühstück!«

## Bei Widerstand: einen Kompromiss finden

Sollte sich Sonja trotz allem noch immer weigern, sich anziehen zu lassen, kann die Mutter ernst sagen: »Wann du dich anziehst, bestimme ich! Wenn du strampelst, haben wir es beide schwer. Aber ich kann es nicht ändern!« **Vielleicht hilft jetzt ein Kompromiss:** »Einmal noch durch das Kinderzimmer laufen, und dann geht's los!« Schlimmstenfalls muss die Mutter auch Gebrüll in Kauf nehmen. Sie darf sich jetzt aber durch nichts mehr abhalten lassen. Das ist nicht leicht, doch nur Entschlossenheit führt zum Erfolg, Schimpfen oder Nachgeben tun es dagegen nicht. Eine gute Unterstützung kann auch eine Dokumentation sein, auf der die Erfolge oder Misserfolge beim Erlernen der neuen Regel eingetragen werden (siehe Kasten).

Eine Ausnahme von der Regel könnte es am Wochenende geben. Die Mutter kann Sonja vorschlagen: »Heute Vormittag darfst du bestimmen, wann du dich anziehen möchtest. Sag mir Bescheid, wenn du so weit bist, dann helfe ich dir.« Oder: »Zeig dich, wenn du fertig bist!« Das schafft eine wunderbare Gelegenheit, zu loben.

## Tipp: Smiley-Wochenplan

Für Phasen, in denen Ihr Kind neue Regeln einüben soll, kann für jede Regel ein »Wochenplan« hilfreich sein, bis alles gut läuft. Mit fröhlichen oder traurigen Gesichtern wird darin dokumentiert, ob es sich kooperativ verhalten hat. Der Plan wird an einer gut sichtbaren Stelle angebracht, und am Ende der Woche kann Ihr Kind selbst sein Verhalten beurteilen: Es kann sich gemeinsam mit Ihnen über Erfolge freuen und Rückschläge reflektieren.

# Vom Schubsen und Stoßen

Manche unerwarteten Verhaltensänderungen ihres Kindes können die Eltern sehr irritieren. Oftmals suchen sie dann bei sich die Schuld und fragen sich, ob sie etwas falsch gemacht haben.

Dabei kann ein zeitweise aggressiv wirkendes Verhalten ein ganz normaler Entwicklungsschritt sein – der allerdings klare Regeln und Grenzen erforderlich macht.

**Beispiel:** Bis vor Kurzem war der 4-jährige Paul ein rundherum liebes Kind. Seine Eltern und auch seine etwas älteren Cousins und Cousinen gehen immer sehr liebevoll und rücksichtsvoll mit ihm um. Doch neuerdings zeigt Paul mancherlei Unarten, und das ohne ersichtlichen Grund oder Auslöser. So fängt er etwa mitten im gemeinsamen Spiel an, jemanden zu schubsen oder zu stoßen. Auf ein »Hör auf!« hin lacht er nur und tut es wieder. Auf »Warum tust du das?«, antwortet er locker mit »Weiß ich nicht – weil ich mag!«. Offensichtlich hat Paul ein gesundes Urvertrauen und genug Selbstsicherheit. Es genügt ihm nicht mehr, immer nur lieb und brav zu sein, er sucht die Herausforderung. Und da alle in seiner Umgebung meistens lieb und nett zu ihm sind, muss er seine Kräfte erproben, indem er bei den anderen Kindern Widerstand weckt. Was lassen die sich alles gefallen, und ab wann leisten sie Gegenwehr?

Kann sein, dass Paul dabei auch mal verbal einstecken muss, doch das ist gesund. Vielleicht braucht er auch zu Hause jemanden, der hin und wieder mit ihm balgt und rangelt, **damit er spielerisch seine Kräfte messen kann.**

## Zur Einsicht anleiten

Bei allem Verständnis für seine Bedürfnisse müssen Pauls Eltern ihm deutliche Grenzen setzen, damit er sein Verhalten ändert. Sie können ihm helfen, über sich selbst nachzudenken. Statt der direkten Frage »Warum tust du das?«, auf die er nur blockiert, können sie ihm die Situation nochmals vor Augen führen: »Ich habe gesehen / Ich habe gehört, dass du die Kinder manchmal wie aus heiterem Himmel schubst oder stößt und sie nicht in Ruhe lässt. Ich frage mich, warum du das tust.«

Pauls unbekümmertes »Weiß ich nicht, weil ich es mag!« sollten die Eltern infrage stellen, indem sie ihm seine Worte zurückspiegeln: »Du weißt es selbst nicht, aber irgendetwas macht dir Spaß dabei, andere Kinder zu ärgern?«

**Da in diesen Worten der Eltern keine Beschuldigung enthalten ist, muss sich Paul auch nicht verteidigen,** und es kann nun in irgendeiner Form ein Eingeständnis seiner Schuld folgen.

Es ist ausgesprochen wichtig, dass Sie auf jede Äußerung Ihres Kindes eingehen und ihm vor allem die Gefühle beschreibend widerspiegeln, die damit vermutlich verbun-

den sind. Dann kann Ihr Kind lernen, seine Gefühle zu verstehen, und es lernt sie anders auszudrücken, als sie in aggressiver Form abzureagieren.

Erst anschließend können Sie einen moralischen Hinweis folgen lassen, zum Beispiel: »Ich nehme an, du hättest es selbst aber gar nicht gerne, wenn andere Kinder es genauso mit dir machen, oder?« Dabei müssen Sie als Eltern klar Position beziehen: »Wir werden dir dabei helfen, dir diese Unart abzugewöhnen. Denk darüber nach, wie du das am besten machst und wie wir dich dabei unterstützen können.«

## Erst mal eine Pause einlegen

Nun tut eine Pause gut, damit kein unnötiger Druck entsteht und sich das alles in dem Kind erst mal setzen kann. Zu einem späteren Zeitpunkt fragen die Eltern ihr Kind, was es sich überlegt hat. Ist ihm keine Lösung eingefallen, schlagen die Eltern eine vor und setzen sie auch konsequent um.

# Der Gute-Nacht-Zirkus

Zeitschinden und Verzögerungs-
manöver sind bei Kindergartenkindern sehr beliebte Taktiken –
ganz besonders, wenn noch Ge-
schwister da sind, die nach Kräften
mitmachen.

**Beispiel:** Nach dem Gutenacht-
ritual, wenn Mama das Licht aus-
macht, wird es so richtig laut und
lustig im Kinderzimmer. Der 5-jäh-
rige Lukas und seine 4-jährige
Schwester Lara lachen, scherzen,
hüpfen, werfen mit Kuscheltieren.
Keine Spur von Müdigkeit, so geht
das noch eine gute Stunde lang.
Bei jeder Ermahnung der Mutter betteln die Kinder um Wasser,
wollen noch mal aufs Klo, wollen
die Tür einen Spalt öffnen, weil
sie sonst Angst haben … Je mehr
die Mutter ermahnt, umso mehr
drehen die kleinen »Kobolde« auf,
bis Mama schließlich genervt und
erschöpft schreit: »So, mir reicht es
jetzt endgültig. Morgen gibt es den
ganzen Tag Fernsehverbot!«

## Die Führung übernehmen

Die Mutter von Lukas und Lara
lässt sich immer wieder auf die
Wünsche ihrer Kinder ein. Sie gibt
ihnen, was sie verlangen, ohne
zu merken, dass die Kinder nur
taktieren. So begibt sie sich in die
schwächere Position.

Für einen außenstehenden Beob-
achter wäre schnell klar, dass es
sich um ein eingefahrenes Spiel
handelt, bei dem die Mutter sich an
der Nase herumführen lässt.

Um aus diesem Spiel auszusteigen,
muss sie **das Ganze einmal mit
etwas Abstand betrachten,** um aus
dem Kreislauf herauszukommen,
der ihr regelmäßig den Abend
verdirbt. Welche Möglichkeiten
stehen noch zur Verfügung? Sehr
wirkungsvoll ist es, den Spieß umdrehen: »Warst du nicht vorhin
auf der Toilette?« – »Du hast vorhin getrunken. Das genügt für die
Nacht.« Abschließend noch eine
Ich-Botschaft: »Ich brauche am
Abend meine Ruhe, und ich möchte, dass ihr das ernstnehmt!«

## Gute Gewohnheiten einüben

Um eine Trendwende einzuleiten, sollte die Mutter der kleinen »Nachteulen« Lukas und Lara mit den beiden ein Gespräch in einer ruhigen Minute führen. Das ist eine gute Gelegenheit, um das Problem auf den Punkt zu bringen – etwa so: »Ich freue mich, dass ihr immer so fröhlich seid und euch so gut versteht, aber abends nach dem Lichtausschalten habe ich ein Problem mit eurem Übermut.« Anschließend fragt sie die Kinder nach ihren Ideen und fordert sie so auf, an der Lösung des Problems mitzuwirken: »Was braucht ihr, um abends gut und ruhig einzuschlafen?« Vorm Schlafengehen sollte sich die Mutter überzeugen, ob jeder Hunger und Durst gestillt und der Klogang erledigt ist. Nach dem liebevollen, immer gleichen Abendritual wie Vorlesen ist Schluss. Wunschgemäß bleibt die Türe einen Spalt offen. Wenn jedoch keine Ruhe herrscht, wird sie geschlossen. »Ihr habt Angst? Das müsst ihr aushalten. **Sich fürchten und dabei kichern, das klingt nicht so dramatisch!«** Um die neuen, guten Gewohnheiten einzuüben und zu festigen, ist ein Smiley-Wochenplan (siehe Seite 96) geeignet.

## Tipp: Abendruhe

Damit Ihr Kind abends schon ein, zwei Stunden vor der Schlafenszeit zur Ruhe kommt, achten Sie auf Folgendes:

* Lassen Sie es sich am Nachmittag ordentlich austoben, am besten an der frischen Luft.

* Kindlichen Sorgen und Nöten schon tagsüber Raum geben.

* Kein Fernsehen und Computer vorm Zubettgehen. Ausnahme: das »Sandmännchen«.

* Besser kein Kakao am Abend, denn der enthält Koffein.

## »Ich will das haben!«

Alle Eltern wollen ihren Kindern etwas Gutes tun. Doch was in Kinderaugen »etwas Gutes« ist, wird heute zunehmend von der Konsumwelt bestimmt: **Naschzeug, Spielzeug, Markenkleidung, elektronische Artikel in allen Varianten** ziehen Kinder magisch an, »weil alle anderen es auch haben!«. Es ist in unserer Überflussgesellschaft normal geworden, Kindern mehr zu kaufen, als sie brauchen. Viele Eltern versuchen leider sogar, mit Verlockungen aus der Konsumwelt das Verhalten ihrer Kinder zu steuern: »Wenn du brav bist, dann bekommst du …« – »Wenn du nicht gehorchst, dann bekommst du … nicht!«
Problematisch wird es spätestens dann, wenn Selbstverständlichkeiten wie zum Beispiel das Mithelfen im Haushalt, das Zimmeraufräumen oder das Hausaufgabenmachen von den Eltern nur noch feilschend erkauft werden können.

**Beispiel:** Wenn der 4-jährige Benedikt nicht bekommt, was er will, übt er sich in Verweigerungstaktik. Da kann es mitten auf der Straße oder im Laden böse Szenen geben! Sein Kinderzimmer ist mit Spielzeug vollgestellt, mit dem er zunehmend achtlos umgeht, weil er an den Neuheiten bald den Spaß verliert. Obwohl er schon viel zu viel hat, will er ständig etwas Neues. Die Eltern nutzen die Verlockungen, um Benedikt zu etwas zu bewegen, was er nicht tun möchte: »Wenn du dich jetzt schnell anziehst, bekommst du im Laden ein neues Spielzeugauto«, verspricht ihm sein Vater, der es eilig hat.

### Anerkennung statt Belohnung
Die Mutter erklärt Benedikt nun, dass Geschenke etwas Besonderes sind und dass es für die Verrichtungen des Alltags keine Geschenke mehr geben wird. Schließlich bekommt sie auch kein Geschenk, wenn sie das Essen kocht, wäscht und die Wohnung in Ordnung hält.

Das ist einfach ihre Pflicht, so wie für Benedikt Anziehen und Zähneputzen Pflichtaufgaben sind.

Die Eltern denken sich noch ein kreatives Extra aus: Wenn Benedikt in Zukunft einen Wunsch hat, darf er ihn auf ein Blatt Papier malen und dieses den Eltern überreichen. Die Eltern sammeln seine Wünsche in einer schönen Mappe. Dann und wann gibt es eine kleine Überraschung, aber einen Anspruch darauf hat Benedikt nicht. Mit Verständnis und Konsequenz funktioniert die Umstellung immer besser. **Dafür sparen die Eltern nicht mit Anerkennung:** »Das ging heute aber flott. Ich freue mich richtig über dich, Benedikt!« Von dem gesparten Geld zahlen sie immer wieder einmal einen Teil auf Benedikts Sparkonto ein – für später.

## Tipp: Kinder und Konsum

Eltern, die den Konsumwünschen ihrer Kinder nicht nachkommen wollen, haben es schwer: Schon die Kleinsten werden vom Marketing mit psychologischen Tricks umworben. Sie können dem Trend etwas entgegensetzen und die Lust Ihres Kindes am »echten Leben« fördern, indem Sie …

* ihm einfache Spielzeuge kaufen, die seine Fantasie anregen, wie Holz-Bauklötze, mit denen es wichtige Fähigkeiten trainiert.

* viel mit ihm rausgehen und seine Bewegungslust fördern.
* spontane kleine Theaterstücke, Rollenspiele und Sprachspiele mit ihm machen.
* seine Interessen erkennen und fördern, etwa mit Büchern, gutem Zeichenmaterial, Ausflügen ins technische Museum oder in den botanischen Garten, in Konzerte …
* ihm möglichst oft Ihre ungeteilte Aufmerksamkeit schenken.

# Zappelphilipps und Suppenkasper

Nicht immer fällt Eltern im »Eifer des Gefechts« die richtige Antwort auf das Verhalten ihres Kindes ein. Sorgen Sie mit Gelassenheit dafür, dass die Situation sich beruhigt und nicht zum Machtkampf wird. **Beispiel:** Die 5-jährige Lisa rutscht bei Tisch auf ihrem Stuhl hin und her, dreht sich in alle Richtungen, lacht dabei und ist überhaupt nicht bei der Sache. Die Mutter stellt klar: »Du kannst aufstehen, aber solange du am Tisch sitzt, benimmst du dich anständig!« Als Lisa einfach weitermacht, fragt die Mutter: »Warum machst du das?« Die Antwort: »Damit du meinen Rücken siehst!« Aber auch die Mutter ist nicht auf den Mund gefallen: »Habe ich dich darum gebeten, mir deinen Rücken zu zeigen?« Durch das Zurückfragen kommt Lisa in Erklärungsnot. Ihre Mutter behält die Oberhand, und das ganz ohne zu schimpfen.

## Verständnis und Konsequenz

Falls die einfache Nachfrage der Mutter im links beschriebenen Beispiel nicht zum gewünschten Erfolg führt, kann sie ihrer Tochter Lisa deren Verhalten widerspiegeln und damit Verständnis zeigen: »Ich sehe, es fällt dir jetzt einfach schwer, ruhig zu sitzen.«
Vielleicht lässt sich Lisa auch motivieren: **»Ich weiß, du kannst es, wenn du wirklich willst!«**
Optimal wäre dann eine kurze Verhandlungsphase, ob Lisa noch essen oder bereits aufstehen will. Sie muss sich entscheiden: Zappelt sie weiter, muss sie vom Tisch gehen. Wenn Lisa protestiert, geben Sie maximal noch eine zweite Chance, ansonsten muss es heißen: »Überlege dir vorher, ob du zappeln oder essen möchtest!«
Damit dem Kind inzwischen nicht der Magen knurrt, kann es die Zeit bis zur nächsten gemeinsamen Mahlzeit mit Brot, Milch oder Apfel überbrücken, keinesfalls aber mit Leckereien oder einem Extra-Essen.

Sehr wahrscheinlich wird dann bei der nächsten oder spätestens bei der übernächsten Mahlzeit Ruhe am Esstisch eingekehrt sein.

### Wichtig und hilfreich: im Gespräch bleiben

Wenn Ihr Kind durch Zappeln, Unruhe und Co auf sich aufmerksam macht, ist es neben Ihrer konsequenten Reaktion auch wichtig, sich gleichzeitig zu fragen: Braucht mein Kind Aufmerksamkeit? Sucht es möglicherweise ein Ventil für Kummer, Frust und Sorgen? Steckt Müdigkeit oder Übermut hinter seinem Verhalten? **All das können Sie später, in einer ruhigen Minute im vertrauten Gespräch herauszufinden versuchen.**

Vielleicht hilft ein Gespräch auch sofort, noch in der stressigen Situation: etwa über Dinge, die Ihr Kind interessieren oder die es heute erlebt hat. Ist die Aufmerksamkeit der ganzen Familie bei spannenden Themen, kann das Essen wieder einen ruhigen Verlauf nehmen.

## Wie weit kann ich gehen?

Logische Begründungen und Verbote seitens der Eltern stoßen bei kleinen »Krawallbrüdern« nicht selten auf taube Ohren.

**Beispiel:** Die 4-jährigen Zwillinge Udo und Sven lieben es, ihren Gokart gegen den Gartenzaun zu fahren. Die Ermahnungen des Vaters, mit der Zeit könnte das Schaden anrichten, stoßen auf taube Ohren. Auf sein »Wenn ihr nicht sofort aufhört, nehme ich euch den Gokart weg!« reagieren sie mit »Das machst du ja eh nicht!«. Der Vater spürt, dass Argumente und Drohungen nichts bringen, außer die zwei noch weiter anzustacheln. Zu drakonischen Strafen will er nicht greifen, tatenlos bleiben aber auch nicht. Was tun?

Auch wenn die Kleinen die logischen Argumente des Vaters sehr wohl verstehen, prallen sie emotional bei ihnen ab. Helfen kann es, den Kindern ihr Verhalten widerzuspiegeln: »Es scheint euch einfach Spaß zu machen, den Gartenzaun immer wieder zu testen.« Dem können die Jungen sicher zustimmen. Dann erst kommt das Argument zum Zuge, am besten mit dem suggestiven Zusatz: »Ihr wollt doch sicher nicht, dass der Zaun kaputt geht, oder?« Auch dafür sind sie bestimmt zu haben. Nun kann der Vater sie in die Problemlösung und Verantwortung einbeziehen: »Macht mir doch einen Vorschlag, damit ich nicht dauernd schimpfen muss!«

Udo und Sven schätzen es, dass Papa kein totaler Spielverderber ist. **Weil sie in die Problemlösung einbezogen wurden, zeigen sie nun viel mehr Verantwortung,** denn sie fühlen sich ernstgenommen. Wirkungsvoll kann auch sein: »Ich vertraue darauf, dass ihr euch an euer Versprechen haltet, auch wenn ich nicht dabei bin!« Wichtig ist natürlich wie immer, dass der Vater die angekündigte Konsequenz bei Regelübertretung auch in die Tat umsetzt.

## Tipp: Strategien im Kindergartenalter

* Mitsprache zulassen
* Eigenständigkeit fördern
* im Gespräch bleiben, Verantwortung übertragen
* Freiraum geben sowie Halt durch Regeln und Grenzen
* bei Provokation: gelassen bleiben!
* Gefühle widerspiegeln und nachfragen

* Kompromisse aushandeln
* erwünschtes Verhalten loben und dokumentieren
* eingefahrene Spielchen erkennen, rechtzeitig aussteigen
* Kreativität und Bewegungsfreude unterstützen
* gute Gewohnheiten fördern und unterstützen
* kein Spielverderber sein

# Im Schulkindalter

Im Alter ab sechs Jahren ist Ihr Kind sprachlich schon voll auf der Höhe und kann zunehmend besser argumentieren. Entsprechend möchte es **in Entscheidungen, die es selbst betreffen, immer häufiger einbezogen werden.** Die Ampel wird also immer öfter auf Gelb gestellt – und kann auch immer öfter Grün zeigen, was Ihr gestiegenes Vertrauen in die Fähigkeiten und das Verantwortungsbewusstsein Ihres Kindes beweist. Hat Ihre Ampel bisher etwas zu oft Gelb und Grün gezeigt, ist jetzt eine sanfte, aber konsequente Kurskorrektur empfehlenswert, zumal Ihr Kind mit Schulbesuch und neuen Freunden seine Kreise erweitert. Ihre Aufgabe besteht nun darin, Eigenverantwortung und Eigenständigkeit Ihres Kindes zu fördern und ihm gleichzeitig Halt zu geben. Es muss Ihnen seinerseits zeigen, dass es Vereinbarungen und Absprachen zuverlässig einhalten kann.

Ihr Kind soll nun **zunehmend Verantwortung für sich und andere übernehmen:** in der Schule, beim Lernen, gegenüber Freunden und bei der Mithilfe im Haushalt. In diesem Alter lieben Kinder gemeinsame Aktivitäten mit den Eltern und Diskussionen über »Gott und die Welt«. Sie sind offen für Regeln und Werte, sofern die Eltern ihnen ebenfalls zuhören und sie ernstnehmen. Genießen Sie als Familie diese schöne und spannende Zeit!

## Warten will gelernt sein

Manchen Kindern fällt es schwer, abzuwarten. Das ist besonders dann der Fall, wenn die Eltern ihre eigenen Bedürfnisse bisher noch nicht klar genug vertreten und ihrem Kind damit Grenzen gesetzt haben. **Beispiel:** Die 6-jährige Doris platzt bei jeder Gelegenheit mitten ins Gespräch oder die Beschäftigung ihrer Mutter hinein, ob diese telefoniert, malt, Zeitung liest, wenn die

> *Man kann nicht aus den Fehlern lernen, die andere begangen haben.*
>
> Ulrich Tukur (* 1957), dt. Schauspieler

Familie am Tisch sitzt oder wenn Besuch da ist. Diese Angewohnheit geht der Mutter auf die Nerven, sie ist richtig verzweifelt und hat das Gefühl: »Ich habe ja gar kein eigenes Leben, keinen ungestörten Moment mehr!« Regelmäßig schimpft sie und weist ihre Tochter barsch zurecht: »Unterbrich mich doch nicht immer!« Diese vorwurfsvolle Reaktion empfindet Doris als emotionale Abfuhr.

Was kann Doris' Mutter tun, um ihrer Tochter diese schlechte Angewohnheit wieder abzugewöhnen? Hilfreich wäre es wahrscheinlich, wenn die Mutter in einer ruhigen Minute ihrer Tochter freundlich klarmachen würde, was sie konkret stört und welches Verhalten sie sich

nicht mehr wünscht. Dabei sollte sie auch Verständnis für Doris' Ungeduld zeigen: »**Wenn du etwas loswerden willst, dann fällt es dir einfach unheimlich schwer, zu warten und dich zu beherrschen!**« Die Eltern müssen ihr Kind so gut wie möglich dabei unterstützen, diese Selbstbeherrschung zu üben.

### Eine neue Regel einüben

Hilfreich könnte für Doris und ihre Mama etwa folgende Vereinbarung sein: Doris soll zuerst beobachten, ob ihre Mutter beschäftigt ist oder sich mitten in einem Gespräch befindet. Wenn Letzteres, soll sie sich behutsam nähern und leise »Mama?« sagen. So hat die Mutter einen kurzen Moment Zeit, zu reagieren und ihre Aufmerksamkeit ihrem Kind zuzuwenden.

Doris kann in ihrem Alter den Wunsch der Mutter bereits verstehen – vor allem, wenn sie nach einer Weile feststellt: »Durch mein rücksichtsvolles Verhalten hat Mama viel mehr Lust, sich voll und ganz um mich und mein Anliegen zu kümmern. Das ist schön – auch wenn ich etwas warten muss.«

## »Ist es wichtig?«

Auch Doris' Mutter ihrerseits kann noch dazulernen: Auf die verbale Zurückweisung »Unterbrich mich doch nicht immer!« kann sie ab jetzt verzichten. Diese Botschaft kann sie ihrer Tochter auch nonverbal senden, indem sie sich den Finger auf den Mund legt. Die zunächst gefundene Regel »Erst kurz die Mama ansprechen« könnte ergänzt werden durch den Zusatz »… aber nur, wenn es wirklich wichtig ist«. Ein positiver Nebeneffekt dieser Ergänzung: Doris denkt nun immer öfter dar-

über nach, welche ihrer Anliegen denn »wirklich wichtig« sind. Auf diese Weise lernt die kleine Doris eigenständig, Wichtiges von nicht so Wichtigem zu unterscheiden – und diese Fähigkeit ist ganz sicher wichtig fürs Leben.

Um sich abzugrenzen und sich wieder besser auf ihre eigenen Belange konzentrieren zu können, kann die Mutter auch zurückfragen: »Kann das nicht bis nachher warten?« Damit überträgt sie ihrem Kind ein Stück Verantwortung für sein Handeln – und bald wird es sagen: »Na gut, dann komme ich später wieder!« Oder es rückt mit seinem dringenden Anliegen heraus. War die kindliche Einschätzung doch nicht ganz zutreffend, so kann die Mutter antworten: »Das kann doch noch ein Weilchen warten, oder?«

Damit hilft sie Doris dabei, Einsicht zu gewinnen. **Außerdem kann sie sich selbst abgrenzen, ohne ihr Kind vor den Kopf zu stoßen oder seine Gefühle zu verletzen.**

# Patzig, patzig?

Der Alltag mit Kindern ist oft anstrengend, und auf ihre »frechen« Widerworte reagieren wir Erwachsenen manchmal allzu streng. Dabei geht es auch anders.

**Beispiel:** Die 7-jährige Tina geht mit ihrem Vater im Park spazieren, sie toben, schaukeln, rennen, essen auch ein kleines Eis und genießen die Zeit miteinander. Als der Vater schließlich ankündigt »So, Tina, jetzt müssen wir mal wieder nach Hause gehen!«, reagiert Tina mit einem patzigen und trotzigen »Nein«. Der Vater kontert: »Na dann müssen wir es eben nachher von deiner Fernsehzeit abziehen!« Nach kurzem Zögern folgt Tina ihrem Vater – widerwillig, aber ohne weitere Debatte.

## Drohungen wirken, aber sie tun weh

Tinas Vater hat sich zwar durchgesetzt, allerdings mit einer Drohung, mit negativer Autorität. Es ist ein Zeichen von Schwäche, wenn Erwachsene ein Kind nicht anders motivieren können. **Drohungen und zu viel Strenge belasten die Beziehung.** Bleiben Eltern in dieser Dynamik, dann müssen sie mit der Zeit immer stärkere Drohungen auffahren, um den Machtkampf zu gewinnen.

## Respektvoll sein – in jeder Situation!

Natürlich hat Tinas Vater den patzigen Tonfall seiner Tochter sehr wohl registriert, aber er geht nicht darauf ein und stellt ihn nicht infrage. Stattdessen reagiert er indirekt darauf, indem er ihr unfreundlich und gereizt antwortet.

Hier ein Vorschlag für eine bessere Alternative: Der Vater zeigt Verständnis für den Wunsch seiner Tochter, noch länger im Park zu bleiben. Aber er stellt auch klar, dass er diesen Ton nicht möchte: »Ich hab verstanden, dass du noch bleiben willst. Aber sag mir das bitte in einem anderen Ton!«

Ob er sich auf Verhandlungen mit seiner Tochter einlässt, ob er ihre dann freundlich vorgebrachten Argumente anhört, hängt vom Vater und von der jeweiligen Situation ab: Wartet der Rest der Familie schon mit dem liebevoll gekochten Abendessen? Dann nichts wie nach Hause. Oder sollte es heute Abend ohnehin nur Brote geben? Dann könnte man doch ruhig einmal zu Hause anrufen und die anderen auf ein lauschiges Abendessen im Biergarten einladen!

Auch wenn Papa entscheidet, dass die beiden gleich nach Hause gehen, **sollte er das allein kraft seiner natürlichen Autorität als Vater tun** und auf Drohungen verzichten. »Auch wenn es dir schwerfällt, es ist jetzt Zeit zu gehen!« oder »Ich möchte nicht erst mit Fernsehverbot drohen oder Ähnliches, ich vertraue darauf, dass du jetzt mitkommst!«. Vor dem Schlafengehen kann der Vater Tina noch Anerkennung geben: »Schön, dass du auf mich gehört hast!«

## »Mir passiert schon nichts!«

Obwohl viele Eltern warnende Sätze als Kinder selbst gehört – und gehasst – haben, fällt es ihnen schwer, sie sich zu verkneifen. Dabei klingen diese Sätze vorwurfsvoll und besserwisserisch. Eltern wollen, dass ihre Kinder aus Unglücken und Missgeschicken lernen, aber mit Besserwisserei wird das auch in der nächsten und übernächsten Generation nicht gelingen.

**Beispiel:** Der 9-jährige Johannes amüsiert sich beim Herumtoben auf dem Hof. An der Außenwand der Garage lehnt eine Leiter. Die Mutter warnt: »Pass bitte auf! Du wirst die Leiter noch umschmeißen!« Johannes hört gar nicht richtig zu. Kurz darauf ist es tatsächlich passiert: Die Leiter kippt um und fällt Johannes auf den Kopf. Zum Glück ist nichts Schlimmes passiert. Die Mutter fühlt sich bestätigt und sagt genervt den berühmten Satz: »Hab ich es dir nicht gesagt!?«

## Informieren statt warnen

Besserwisserei erzeugt emotionale Abwehr, weil sich ein Kind durch sie als dumm und unfähig abgestempelt fühlt. Es bleibt stur und nimmt lieber auch noch die nächste Panne in Kauf. Warnungen sind somit oft sich selbst erfüllende Prophezeiungen. Dabei können Sie Ihr Kind auch einfach informieren: »Schau mal an die Garagenwand! Was siehst du da?« Antwort: »Die Leiter!« – »Richtig! Ich bin gespannt, ob du es schaffst, ihr auszuweichen!« So motivieren Sie Ihr Kind, vertrauen auf seine Kompetenz und übertragen ihm Verantwortung – für sich, für andere, für die Leiter. **So wertgeschätzt, wird es die Verantwortung bereitwillig übernehmen und nun vorsichtiger sein.** Stürzt es dennoch, braucht es Trost und Verständnis, ohne übertriebenes Mitleid. Vielleicht braucht es auch ein Pflaster – aber sicher keinen rechthaberischen Kommentar. Nichts ist wirksamer als das Lernen aus Erfahrung! Ihre Aufgabe ist es, dies angemessen zu ermöglichen und Ihr Kind zur Einsicht hinzuführen, statt ihm Fehler unter die Nase zu reiben. Dann kann es Fehler zugeben und aus ihnen lernen.

## Tipp: Strategien im Schulkindalter

* wenn nötig, jetzt konsequent eine sanfte Kurskorrektur vornehmen
* mit viel Verständnis zur Einsicht führen
* fair und respektvoll sein
* positive Autorität ausüben
* vernünftige Argumente gelten lassen
* Eigenständigkeit fördern
* ein gutes Vorbild sein
* auch mal fünf gerade sein lassen, das Familienleben gemeinsam genießen

> *Als Kind ist jeder ein Künstler. Die Schwierigkeit liegt darin, als Erwachsener einer zu bleiben.*
>
> Pablo Picasso (1881–1973), span. Maler und Bildhauer

## In der Pubertät

Im Lauf der Pubertät wird die rote Ampel, die »Notbremse«, nur noch gelegentlich verwendet. Ihr Teenager braucht – und verlangt – immer öfter grünes Licht. Doch auch die gelbe Ampel hat eine Hochphase, weil wichtige alte und neue Themen diskutiert und verhandelt werden: in einer Gesprächs- und Verhandlungskultur, die auf gegenseitiger Wertschätzung beruht. Kinder in der Pubertät (siehe auch Seite 54) nehmen ihre Eltern, deren Werte und deren Verhalten kritisch unter die Lupe. Sie vertreten oft vehement gegenteilige Ansichten. Sie hassen es, bevormundet und gegängelt zu werden, wollen experimentieren, eigene Entscheidungen treffen. Sie wollen sich reiben, um ihren Standpunkt zu bestimmen, sind **hochemotional, teilen gern aus, sind aber oft sehr sensibel beim Einstecken.** Da gilt es, mit Geduld und Konsequenz ihre Träume und ihre Kritik ernstzunehmen und es nicht persönlich zu nehmen, wenn sie mal überreagieren.

Der Einfluss von außen scheint nun oft stärker zu sein als die Familienbande. Je solider die Vertrauensbasis mit Ihnen, umso besser kann Ihr Kind Gruppendruck widerstehen und seine eigene Identität finden. Es gilt aber auch, die Privatsphäre Ihres Nachwuchses zu respektieren, aber auch da zu sein, wenn Sie gebraucht werden.

Wichtig ist, dass Sie Ihrem Jugendlichen Ihr Vertrauen aussprechen, dass er in der Lage ist, schrittweise Freiheit mit Verantwortung zu verknüpfen. Sie können ihm jetzt zunehmend alltägliche Aufgaben übertragen und seine praktischen Leistungen würdigen, anstatt nur auf die schulischen Leistungen zu sehen. Jugendliche wollen ihre eigenen Grenzen kennen lernen, **deshalb sollten wir Erwachsenen sie nicht an der falschen Stelle schonen** – denn das signalisiert ihnen, das wir ihnen nichts zutrauen.

## Unaufdringliche Begleiter

Eltern, aber auch andere erwachsene Bezugspersonen aus dem familiären und gesellschaftlichen Umfeld sollten in dieser aufregenden Zeit als Begleiter und Coach zur Seite stehen, um das erwachsen werdende Kind auf dem Weg in die Mündigkeit und Eigenständigkeit zu begleiten. Mit so wenig Einmischung wie möglich, dafür mit dem klaren Signal: »Ich bin für dich da!«

# Mit Respektlosigkeiten umgehen

Es ist schwer für Eltern, im Leben mit ihrem Teenie immer richtig zu reagieren. Gerade kurz vor und während der Pubertät sind sie häufig respektlosem Verhalten ausgesetzt, das sehr verletzend sein kann – und das es ihnen oft schwer macht, die Ruhe zu bewahren.

**Beispiel:** Immer häufiger bekommt die Mutter von ihrer 12-jährigen Tochter Irene gesagt: »Mama, du nervst!« Sie bekommt es zum Beispiel dann zu hören, wenn sie ihre Tochter daran erinnert, dass die vereinbarte Zeit am Computer abgelaufen ist und das Mädchen sich um seine Hausaufgaben kümmern soll. Oder sie bittet Irene darum, ihre in der ganzen Wohnung verstreuten Sachen aufzuräumen. Irenes »Mama, du nervst!« löst in der Mutter Wut, Trauer und vor allem auch Hilflosigkeit aus. Sie fühlt sich von ihrer Tochter respektlos behandelt.

## Nicht resignieren, nicht kämpfen

In einer solchen Situation mit Ihrem Teenie, wie sie umseitig beschrieben wurde, geht es für Sie als Eltern nicht darum, nachzugeben und Ihrem Kind noch etwas Zeit zu gewähren oder es von seinen Pflichten zu entbinden. Damit würden Sie nur ausweichen, was weder an der »akuten« Situation noch für die Zukunft etwas ändern würde. Ebenso wenig bringt es, eine solche Situation zu einer letztlich hilflosen Machtdemonstration zu nutzen: »Wenn du nicht sofort abschaltest, schneide ich das Kabel ab.« **Das wirkt höchstens als Einladung zum verbalen Gefecht.**

## Die eigenen Gefühle ausdrücken

Um auf das Beispiel von Seite 113 zurückzukommen: Das Wirkungsvollste, was die Mutter tun kann, dürfte sein, von sich und ihren Gefühlen zu sprechen, die die Reaktion der Tochter in ihr auslöst:

»Für mich ist dein Tonfall wirklich sehr verletzend und respektlos. Ich möchte nicht, dass wir so miteinander reden.«

Atmen Sie erst einmal tief durch. Spüren und zeigen Sie Ihre Betroffenheit, vermeiden Sie jedoch einen bettelnden, hilflosen Unterton. Der könnte intuitiv als eine »Opfer-Manipulationsstrategie« interpretiert werden und löst nur innere Aggressionen aus.

## Nichts »in sich hineinfressen«!

Machen Sie sich nicht die Mühe, Ihre Wut und Ihren Frust vor Ihren Kindern zu verbergen – zeigen Sie ihnen Ihre Gefühle! Denn es schafft Nähe und kann angekratztes Vertrauen wiederherstellen, wenn Kinder ihre Eltern als echt und authentisch erleben. Vielleicht passt ein Satz wie »Meine Absicht ist es nicht, dich einzuschränken, aber ich habe es satt, dass …« oder »Ich mache mir einfach Sorgen über …«. Damit versetzen Sie Ihr Kind in die Lage, Ihnen zuzuhören.

### Zum Gespräch einladen

Anschließend können Sie Ihr Kind nach seinen Bedürfnissen fragen und es auf diese Weise zu einem Gespräch einladen: **»Was ist für dich wichtig und angemessen, damit sowohl deine Pflichten als auch dein Freizeitspaß nicht zu kurz kommen?«**

Fordern Sie Ihr Kind auf, Zeiten anzugeben. So übernimmt Ihr Jugendlicher Verantwortung und trägt zur Problemlösung bei. Vereinbarungen, die er selbst vorgeschlagen hat, hält er bereitwilliger ein. Ein weiterer Vorteil: Ihr Nachwuchs lernt – ähnlich wie beim Taschengeld – sein Zeitbudget selbstständig zu verwalten. Ihr Kind übt, selbst zu entscheiden, wann es welche Aufgaben erledigt. Je weniger sich Ihr Kind dabei bevormundet fühlt, umso eher ist es bereit, seine Aufgaben zu erledigen und Zeiten einzuhalten.

Wenn Sie einander lästiges Erinnern ersparen wollen, vereinbaren Sie zum Beispiel: »Informiere mich, wenn du fertig bist!« Es gilt, in allem die Botschaft zu senden: »Ich traue dir zu, Verantwortung zu übernehmen.«

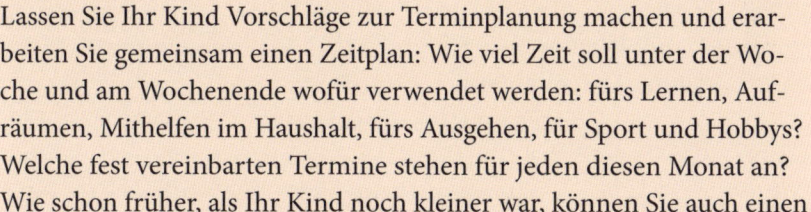

## Tipp: Familienkalender

Lassen Sie Ihr Kind Vorschläge zur Terminplanung machen und erarbeiten Sie gemeinsam einen Zeitplan: Wie viel Zeit soll unter der Woche und am Wochenende wofür verwendet werden: fürs Lernen, Aufräumen, Mithelfen im Haushalt, fürs Ausgehen, für Sport und Hobbys? Welche fest vereinbarten Termine stehen für jeden diesen Monat an? Wie schon früher, als Ihr Kind noch kleiner war, können Sie auch einen Familienplaner anlegen und in der Küche aufhängen: Dann weiß jeder immer, welches Familienmitglied wann wo ist – oder sein sollte.

# Der »Härtetest«: Provokationen

Kinder fordern ihre Eltern in jedem Alter heraus, ganz besonders aber im Teenageralter. Sie tun das umso mehr, je unterdrückter sie sich fühlen oder je weniger Grenzen sie erfahren haben. Instinktiv fordern sie diese ein, oft auf freche, respektlose Art. Nehmen Sie dies nicht persönlich, aber durchaus ernst – sowohl in den feinen Untertönen als auch bei massiven Beleidigungen. Gerade wenn Sie sich aufs Äußerste provoziert fühlen, ist es wichtig, dass Sie sich weder zu verbaler noch zu tätlicher Gewalt hinreißen lassen. Sie tragen nach wie vor die Verantwortung, Sie geben den Ton an. Haben Sie ihn einmal verfehlt, gilt es, um Verzeihung zu bitten und das klärende Gespräch zu suchen. Wenn Ihr Kind unbedacht oder auf Angriff aus ist, sagen Sie nur: »Bitte so nicht!« oder »Erzähl es mir später, wenn du mir freundlich sagen kannst, was du möchtest!«

## »Total geladen«?

Ist Ihr Kind emotional geladen, hat momentan keine Kontrolle über sich und schlägt verbal um sich? Dann würden »autoritäres Gehabe« oder Rechtfertigungen ihrerseits die Eskalation nur weiter anheizen. **Beispiel:** Der 14-jährige Karsten geht trotz wiederholter Ermahnung schlampig mit seiner Kleidung um. Die Eltern machen nun ihre Ankündigung wahr: Sie weigern sich, ihm schon wieder eine neue Markenhose zu kaufen, und verweisen ihn an den Secondhandladen. Karsten, entrüstet: »Ihr gemeinen, altmodischen Spießer! Ihr Geizkrägen!«

## »Schau auf die Not deines Kindes!«

Eltern tun gut daran, wenn sie ihr wütendes Kind emotional abholen, indem sie ihm seine Gefühle aus seiner Perspektive widerspiegeln. Es soll all seinen Frust »ausspucken« dürfen. So kann es sich beruhigen, und der Weg wird frei zu einem vernünftigen Gespräch.

Je nach Situation wird ein Kompromiss möglich (gelbe Ampel), oder die Grenze wird aufrechterhalten (rote Ampel). In jedem Fall fühlt das Kind sich verstanden und respektiert. Es kann ohne Gesichtsverlust einlenken und schließlich auch um Verzeihung bitten.

### Zum Einlenken bringen

Karstens Mutter bringt zunächst die Situation neutral auf den Punkt: »Du bist wütend, dass wir unsere Ankündigung wahr machen.« Darauf Karsten: »Ja, die ganze Klasse lacht doch über mich!« Die Mutter »spiegelt« nochmals: »Du findest das unzumutbar, weil du Angst vor ihrer Meinung hast.« Sie hört wieder seine Antwort an. Karsten ist nun gesprächsbereit, und sie kommen zu einer Vereinbarung: Er zeigt ihnen in den nächsten 14 Tagen, dass er mit seiner Kleidung sehr wohl achtsam umgehen kann. Danach kann das Gespräch über die neue Hose wieder aufgenommen werden. Doch eines ist noch zu tun: »Karsten, für die Spießer und Geizkrägen erwarten wir eine Entschuldigung.« Karsten, einlenkend: »Es tut mir leid!«

## Info: Äußere Einflüsse

Wenn Jugendliche die Autorität der Eltern und anderer Bezugspersonen nicht mehr anerkennen, gewinnen die Clicque oder sogenannte Peergroup an Einfluss. Diese kann den Halt nicht geben, den ein Heranwachsender noch dringend braucht. Im schlimmsten Fall gerät er in den Einfluss eines »starken Mannes«, in radikale Kreise. Hat Ihr Kind aber in seiner Familie liebevolle Bindung, Fairness und Respekt erlebt, bleibt es wie mit einem unsichtbaren Band mit ihr verbunden. So kann es sich zu einer gefestigten Persönlichkeit entwickeln.

## »Du bist gemein!«

Die folgende typische Szene macht deutlich, was geschehen kann, wenn Teenager sich ganz auf ihre Eltern verlassen und nicht bereit sind, selbst die Verantwortung für ihre Angelegenheiten zu übernehmen – obwohl sie alt genug sind. **Beispiel:** Die 13-jährige Nadine und ihre Mutter schaffen es gerade noch fünf Minuten vor der abendlichen Schließung in den Supermarkt. »Nadine, brauchst du etwas für deinen Schulausflug morgen?«, fragt die Mutter. Nadine antwortet nicht, sie ist eifrig dabei, eine SMS an ihre Freundin zu schreiben. »Nadine, wir müssen uns beeilen, der Supermarkt macht gleich zu!«, versucht es die Mutter eindringlich. Keine Reaktion – also kauft die Mutter den Lieblingskäse der Tochter. Erst an der Kasse reagiert Nadine: »Ich habe meine Sachen noch nicht gekauft!« Die Mutter beschwichtigt: »Tut mir leid, jetzt geht es nicht mehr, der Laden schließt.

Aber ich hab deinen Lieblingskäse gekauft und ein schönes Shampoo!« Darauf beschimpft Nadine ihre Mutter vor den an der Kasse wartenden Leuten: »Warum hast du nichts gesagt? Ich wollte einen anderen Käse und anderes Shampoo haben. Du bist gemein!« Die Mutter entgegnet: »Zu Hause gibt es noch genug, was du mitnehmen kannst.« Darauf legt Nadine noch einen drauf: »Aber das Zeug will ich nicht!« Im Auto geht der Streit weiter. Die Mutter versucht, ihre Tochter mit Lösungsvorschlägen zu beschwichtigen, die Nadine aber allesamt verwirft.

### Dem Nachwuchs nicht zu viel abnehmen

**Praktischerweise kann Nadine auch noch der Mutter die Schuld geben,** wenn etwas nicht nach ihrem Wunsch verläuft – denn ihre Mutter nimmt ja bereitwillig die Verantwortung auf sich und kümmert sich stellvertretend um Nadines Angelegenheit.

> *Freiheit heißt Verantwortung. Deshalb wird sie von den meisten Menschen gefürchtet.*
>
> George Bernard Shaw (1856–1950), irischer Schriftsteller

Wenn Eltern ihren Kindern aber zu vieles abnehmen und sich um alles kümmern, helfen sie ihnen letztlich keineswegs. Ganz im Gegenteil: Sie nehmen ihnen die Chance, selbstverantwortlich auf den eigenen Füßen zu stehen.

### Elternverantwortung tragen

Wenn Eltern sich zu »Dienstboten« und Chauffeuren ihrer Kinder machen, fühlen sich diese nicht ernstgenommen. Die Folge davon ist, dass sie (unbewusst) immer mehr fordern und provozieren, anstatt sich für die Hilfestellungen zu bedanken. **So lange, bis ihre Eltern ihnen – endlich! – die Verantwortung übertragen** und sie die Konsequenzen spüren lassen.

Oft gibt es bis zu diesem Punkt jahrelange Auseinandersetzungen, die beide Seiten zermürben können.

### Eigenverantwortung fördern

Um schlechte Stimmung und Rebellion möglichst zu vermeiden, müssen Sie von Ihrem Kind Kooperation einfordern und ihm, wenn nötig auch mehrfach, erklären, was Sie von ihm erwarten. Das schafft Klarheit, Orientierung – und viel Gelegenheit für Anerkennung, die Ihrem Kind immer wieder neue persönliche Entwicklungsimpulse gibt. Es ist falsche Rücksichtnahme, Kindern zu viel abzunehmen, statt sie in Aufgaben einzubinden und sie die Konsequenzen ihres Handelns tragen zu lassen.

In diesem Sinne hätte Nadines Mutter ihr die Besorgungen im Supermarkt besser nicht abnehmen sollen – zumal sie ihre Tochter ja darauf aufmerksam gemacht hatte, dass nicht mehr viel Zeit war.

Nur wenn Nadine immer wieder merkt, dass ihre Mutter es ernst meint und **dass sie selbst für ihre Angelegenheiten und Wünsche zuständig ist,** wird sie sich in Zukunft auch selbst darum kümmern – und wenn nicht, hat sie eben nicht das Gewünschte zum Mitnehmen. Dabei muss die Mutter kein schlechtes Gewissen haben und auch nicht versuchen, die Tochter zu beschwichtigen und Lösungen für sie zu suchen (von denen ohnehin keine »gut genug« ist). Der Ausflug ist schließlich Nadines Angelegenheit, um die sie sich selbst kümmern muss.

### Abgrenzen ist gefragt

In der beschriebenen Situation mit Nadine und ihrer Mutter ist aber noch etwas anderes gefragt: Nadines Mutter muss sich abgrenzen. Das mag sich schroff anhören, ist aber notwendig: »Tut mir leid, du hast deine Chance verpasst! Und hör auf, mich zu beleidigen!« Nun sollte sich die Mutter auf keine weitere Diskussion mehr einlassen. Sie kann der Tochter höchstens anbieten, zu Hause noch einmal darüber zu reden. Auf diese Weise lernt Nadine, dass sie andere respektieren muss – eine Fähigkeit, die in der Pubertät oft verloren gegangen scheint.

### Nicht persönlich nehmen!

Damit die Zusammenarbeit zwischen Eltern und Kindern gelingt, brauchen die Eltern Geduld und Humor – und gute Nehmerqualitäten. Sie sollten solche Angriffe ihrer Kinder nicht persönlich nehmen, denn an ihren Eltern testen Kinder ihre Grenzen. Verständnis, Authentizität und Konsequenz schaffen die besten Voraussetzungen für beidseitigen Respekt und eine gelungene Erziehungsarbeit.

## »Das ist mir wichtig!«

Wenn Eltern sich im Familienalltag allzu autoritär geben, fordert das den jugendlichen Widerspruchsgeist meist geradezu heraus. **Beispiel:** Thomas, 14 Jahre, will sich nicht mehr an all die Regeln halten, die in der Familie bisher gegolten haben. Insbesondere gibt es regelmäßig Zank, wenn er vom Tisch aufspringt, sobald das Telefon läutet – »Das ist für mich!«. Wenn die Eltern ihn daraufhin zurechtweisen, dann kommt er gleich gar nicht mehr an den Tisch zurück. So gibt es weder schöne gemeinsame Mahlzeiten noch entspannte Familiengespräche. Die gibt es eigentlich schon längere Zeit nicht mehr, seit Thomas andere Prioritäten für sich setzt. Sätze wie »Es wird jetzt gegessen und nicht telefoniert!« sind für Thomas **ein rotes Tuch,** und sie nehmen ihm endgültig jede Lust am gemeinsamen Essen. Thomas bekommt von seinen Eltern folgerichtig fast nur noch zu hören, wie rücksichtslos und unzuverlässig er doch sei.

### Wenn die Stacheln ausgefahren werden

Das ohnehin labile Selbstwertgefühl eines Jugendlichen, häufig versteckt hinter Überheblichkeit und Sturheit, sollte man nicht durch ständiges Kritisieren noch weiter ankratzen. **Sind Sie Ihrem Teenager zu nahe getreten, merken Sie das fast immer daran, dass er sich wehrt:** »Und jetzt erst recht!« So berechtigt die elterlichen Anliegen sind – ständige Vorwürfe und Abwertungen bewirken das Gegenteil von dem, was sie bezwecken. »Du bist …«-Aussagen nageln fest, wirken wie selbst erfüllende Prophezeiungen: Thomas erfüllt die Erwartungen der Eltern und benimmt sich entsprechend.

### Wertschätzung und Konsequenz

Was können Eltern tun, um aus einem solchen Teufelskreis auszusteigen? Bei Jugendlichen kann man kaum noch etwas erzwingen – je älter sie werden und je mehr sie ihren Lebensschwerpunkt außer Haus verlagern, desto weniger lassen sie sich vorschreiben. Und wenn sie doch einmal eine Anweisung »schlucken« und ihren Ärger in sich hineinfressen, dann geht das sehr oft zulasten der Beziehung zu den Eltern.

Wir müssen unsere Kinder nach wie vor ernstnehmen und ihnen Wertschätzung und Konsequenz entgegenbringen. Das tun wir im Teenageralter unserer Kinder, indem wir ihnen Verantwortung übertragen und ihnen möglichst viel Eigenständigkeit zugestehen. Welche Anreize können die Eltern in Thomas' Beispiel ihrem Teenager geben, **damit das Familienleben wieder schöner, entspannter und harmonischer gestaltet werden kann?**

## Tipp: Strategien im Teenageralter

* den Jugendlichen ernst nehmen und als eigene Persönlichkeit respektieren
* im Alltag Humor, Gelassenheit und Geduld ausstrahlen
* souverän bleiben und sich nicht provozieren lassen
* nicht schnell beleidigt sein und nicht alles auf sich beziehen
* diskussionsbereit bleiben
* eigene Vorschläge anregen, statt zu bevormunden
* einen Familien-Zeitplan gestalten: mit vielen Freiräumen, aber auch gemeinsamer Zeit
* den Jugendlichen nicht unnötig schonen, sondern ihm Verantwortung übertragen
* einen freundschaftlichen Umgang pflegen, aber nicht »der beste Kumpel« des Kindes sein wollen
* auch auf die eigenen Bedürfnisse achten

> *In den Kindern erlebt man sein eigenes Leben noch einmal, und erst jetzt versteht man es ganz.* Søren Kierkegaard (1813–1855), dän. Philosoph

## Verständnis und eine Portion Großzügigkeit

Zunächst sollten die Eltern Verständnis für die Prioritäten von Thomas zeigen und die Sache auf den Punkt bringen. »Dir sind deine Freunde wichtig und uns die gemeinsamen Mahlzeiten und Gespräche – ohne Telefongeklingel und Telefonate, die uns dabei stören. Wir selbst stellen unsere Telefone während der Mahlzeiten auf lautlos und rufen hinterher zurück. Glaubst du, du kannst das auch deinen Freunden zumuten?« Nun sollten die Eltern Thomas' Antwort abwarten und darauf eingehen. »Bitte entscheide dich! Leg dein Handy so wie wir im Flur ab, bevor du zu Tisch kommst!«

Kann der Sohn auf die Telefonate nicht verzichten, so verzichtet er eben auf die Mahlzeit. Er hat die Wahl. Er wird ernstgenommen, aber er wird nicht zugedröhnt mit Belehrungen und Vorwürfen. Erwartet er gerade während der Mahlzeit einen dringenden Anruf, so muss er vorher Rücksprache mit den Eltern halten. Ausnahmen sollten mit einer gewissen Großzügigkeit gehandhabt werden. Gegenseitiger Respekt ist wichtiger als die zwanghafte Einhaltung von Benimmregeln und Co. **Um die Erziehungsarbeit gut abzuschließen, gilt es alles zu tun, um den Respekt zu fördern, den Sie und Ihr Kind einander entgegenbringen.**

# Bücher, die weiterhelfen

### Weitere Bücher der Autorin

Maria Neuberger-Schmidt: **Erziehung ist (k)ein Kinderspiel,** Band 1 (als E-Book erhältlich) und Band 2, Edition Tips

Maria Neuberger-Schmidt: **Gewaltfrei, aber nicht machtlos. Erziehung mit Herz, Verstand und Führungskompetenz. Das Buch zum ABC-Elternführerschein®,** Ennsthaler Verlag

Lienhard Valentin / Petra Kunze: **Die Kunst, gelassen zu erziehen,** Arbor Verlag

### Bücher aus dem GRÄFE UND UNZER VERLAG, München

Bannenberg, Thomas: **Yoga für Kinder** (Übungsbuch mit DVD)

Glaser, Ute: **Die Eltern-Trickkiste**

Juul, Jesper: **4 Werte, die Kinder ein Leben lang tragen**

Kast-Zahn, Annette: **Jedes Kind kann Regeln lernen** und **Gelassen durch die Trotzphase**

Rogge, Jan-Uwe; Bartram, Angelika: **Wie Sie reden, damit Ihr Kind zuhört & wie Sie zuhören, damit Ihr Kind redet**

# Adressen, die weiterhelfen

### Elternkurse

**ABC-Elternführerschein®**
*Erziehung mit Herz, Verstand und Führungskompetenz; Basisseminar in 18 Einheiten mit Ö-Cert-Qualitätssiegel; mit dem TrainerInnen-Team von Mag. Maria Neuberger-Schmidt*
www.elternwerkstatt.at

Elternführerschein nach Dipl.-Psych. Dietmar Langer
*Kinder- und Jugendklinik Gelsenkirchen*
www.liebevoll-konsequent-erziehen.de
www.elternfuehrerschein.com

FAMILYLAB
*Elternbildung mit dem Trainer-*
*Innen-Team von Jesper Juul*
www.familylab.de
www.familylab.ch
www.familylab.at

STEP
*Elternbildung und Erziehungs-*
*partnerschaft*
www.instep-online.de
www.instep-online.ch
www.instep-online.at

Vertrauenspädagogik
*Elternbildung nach Heinz und*
*Hanni Etter*
www.vertrauenspaedagogik.ch

Starke Eltern – starke Kinder *
*Ein Kursangebot des Deutschen*
*Kinderschutzbundes*
www.dksb.de
www.sesk.de *(alle DKSB-Kurse)*

Elternkurse von *Kess*-erziehen
*Ein Angebot der Arbeitsgemeinschaft*
*für katholische Familienbildung e. V.*
www.kess-erziehen.de

Triple-P-Elternkurse
www.triplep.de
www.triplep.ch

Gordon-Familientraining
*Vom Autor der »Familienkonferenz« initi-*
*iertes Kursprogramm zur Konfliktlösung,*
*Kurse in D, CH und A*
www.gordontraining.org

## Erziehungsberatung

Bundeskonferenz für Erziehungs-
beratung e. V.
*Erziehungsberatungsstellen bundesweit*
*sowie Beratung online.*
www.bke.de; www.bke-elternberatung.de

Österreichische Kinderfreunde
*Elternberatung in allen Bundesländern.*
www.kinderfreunde.at

Kath. Familienverband Österreichs
*Angebote und Dienste landesweit.*
www.familie.at

Elternwerkstatt
*Gemeinnütziges Expertennetzwerk,*
*Partner in Erziehungsfragen.*
www.elternwerkstatt.at

Amt für Jugend und Berufsberatung
*Portal für landesweite Adressen zu*
*Beratung, Kursen, Freizeit etc.*
www.lotse.zh.ch

www.familienhandbuch.de
*Hilfe in allen Erziehungsfragen, Infos*
*zu vielen Familienthemen*

# Register

# IMPRESSUM

**Über die Autorin:** Maria Neuberger-Schmidt ist Diplom-Lebens- und Sozialberaterin mit Fortbildungen in Training, Coaching, systemischer Psychotherapie und Beratung für Kinder und deren Eltern. Sie gründete den Verein »Elternwerkstatt« in Wien, an dem sie und ihr Team ihr Seminarkonzept »ABC-Elternführerschein« bereits tausenden Eltern vermittelt haben.

© 2014 GRÄFE UND UNZER VERLAG GmbH, München. Alle Rechte vorbehalten. Nachdruck, auch auszugsweise, sowie Verbreitung durch Film, Funk, Fernsehen und Internet, durch fotomechanische Wiedergabe, Tonträger und Datenverarbeitungssysteme jeglicher Art nur mit schriftlicher Genehmigung des Verlags.

**Projektleitung:** Reinhard Brendli

**Lektorat:** Barbara Kohl

**Bildredaktion:** Julia Fell

**Umschlaggestaltung und Innenlayout:** independent Medien-Design, Horst Moser, München

**Fotos (Cover und Innenseiten):** Plainpicture

**Syndication:** www.seasons.agency

**Herstellung:** Susanne Mühldorfer

**Satz:** Knipping Werbung GmbH, Berg/Starnberg

**Lithos:** Longo AG, Bozen

**Druck:** Printed in China

ISBN 978-3-8338-3393-9

3. Auflage 2016

 www.facebook.com/gu.verlag

**Liebe Leserin, lieber Leser,**

haben wir Ihre Erwartungen erfüllt? Sind Sie mit diesem Buch zufrieden? Haben Sie weitere Fragen zu diesem Thema? Wir freuen uns auf Ihre Rückmeldung, auf Lob, Kritik und Anregungen, damit wir für Sie immer besser werden können.

**GRÄFE UND UNZER Verlag**
Leserservice
Postfach 86 03 13
81630 München
E-Mail:
leserservice@graefe-und-unzer.de

Telefon: 00800/72 37 33 33*
Telefax: 00800/50 12 05 44*
Mo–Do: 9.00–17.00 Uhr
Fr: 9.00–16.00 Uhr
(* gebührenfrei in D, A, CH)

Ihr GRÄFE UND UNZER Verlag
*Der erste Ratgeberverlag – seit 1722.*

GRÄFE UND UNZER

Ein Unternehmen der
GANSKE VERLAGSGRUPPE